⑳ 美容の仕事
美容師、エステティシャン、ネイルアーティスト
ビューティーアドバイザー、化粧品研究者、美容皮膚科医

―― 第4期 全7巻 ――

㉑ エコの仕事
再生可能エネルギー電力会社広報
フードバンク職員、エシカル商品の企画
国立環境研究所研究員、リサイクル商品ブランディング
フェアトレードコーディネーター

㉒ 鉄道の仕事
鉄道運転士、鉄道運輸指令員、鉄道車両製造、駅弁開発
乗り換え案内サービスシステム開発、鉄道カメラマン

㉓ アートの仕事
クリエイティブソリューション営業、学芸員
イラスト投稿サイトプランナー、画材研究開発
絵画修復士、アートディレクター

㉔ 法律の仕事
裁判官、弁護士、検察官、弁理士、労働基準監督官
サイバーセキュリティ対策本部警察官

㉕ ベビーの仕事
産婦人科医、ベビーカー開発、液体ミルク開発
プレイリーダー、ベビー服デザイナー、病児保育士

㉖ エンタメの仕事
テーマパークスーパーバイザー、舞台衣裳スタッフ
映画配給会社宣伝、音楽フェスグッズ企画
インターネットテレビ局チャンネルプロデューサー
チケット仕入営業

㉗ 防災の仕事
災害対応ロボット開発者、ドローンパイロット
災害救助犬訓練士、構造設計者、消防車開発者
気象庁地震火山部職員

―― 第5期 全5巻 ――

㉘ ICTの仕事
小学校教諭情報主任、クラウドファンディング会社広報
オンライン診療営業、スマート農業技術開発
VR動画サービスプロジェクトマネ
サイバーセキュリティエンジニア

㉙ 感染症の仕事
感染症研究員、PCR検査試薬研究開発
福祉アートプロダクトプランナー、アプリニュース編集者
感染対策商品研究、行政保健師

㉚ 宇宙の仕事
天文学者、国際宇宙ステーション運用管制官
月面探査車開発、アルファ米商品開発
プラネタリウム解説員、スペースデブリ除去システム開発

㉛ 水の仕事
天然水商品開発、水質検査員、浴室商品開発
ラフティングインストラクター、下水道施設職員
温泉施工管理

㉜ 文字の仕事
タイプデザイナー、書道家
LINEスタンプクリエイター、速記士、点字触読校正者
キーボード商品デジタルマーケター

―― 第6期 全5巻 ――

㉝ SDGsの仕事
電気自動車マーケティング、団地リノベーション設計
新素材開発会社人事、日本財団職員
ジェンダーフリーファッションデザイナー
代替食品研究開発

㉞ 空の仕事
パイロット、グランドスタッフ、航空機エンジン開発
機内食メニュープロデュース、検疫官、航空管制官

㉟ 音楽の仕事
ライブ配信アプリディレクター
歌声合成ソフトウェア関連商品管理
フリースタイルピアニスト
音楽配信アプリコンテンツプロデューサー
JASRAC職員、ゲームサウンドクリエーター

㊱ 健康の仕事
シューズ商品企画、オンラインヨガインストラクター
体組成計開発、健康食品マーケティング
アスレチックゲーム宣伝、寝具メーカー広報

㊲ アウトドアの仕事
アウトドアウォッチ商品企画、アウトドア商品企画、森林官
ツ自転車設計、キャンピングカーデザイナー
ピング施設スタッフ

キャリア教育に活きる！

センパイに
聞く

仕事ファイル

52

ライフイベント
の仕事

ジェンダーフリー・
ウエディングプロデューサー

ユニバーサルデザインの
晴れ着店スタッフ

エンディングプランナー

和菓子店の店長

フローリスト

小峰書店

小峰書店 編集部 編著

52 ライフイベントの仕事

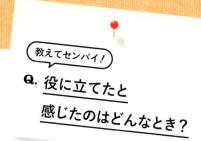
教えてセンパイ！
Q. 役に立てたと感じたのはどんなとき？

Contents

A. おふたりが、結婚式を通じて人生を肯定する瞬間に立ち会えたとき！

File No.287

ジェンダーフリー・ウエディングプロデューサー … 04

柴田奈々子さん／keuzes wedding by HAKU

A. ご家族のとくべつな日をお手伝いして、お客さまの笑顔が見られたとき！

File No.288

ユニバーサルデザインの晴れ着店スタッフ … 12

森 聡美さん／明日櫻

A. 心のこもった葬儀で、ご遺族がすがすがしい表情を見せてくださったとき！

File No.289

エンディングプランナー … 20

大淵駿介さん／むすびす

キャリア教育に活きる！ **仕事ファイル**

※この本に掲載している情報は、2025年4月現在のものです。

A. 私たちのお菓子がだれかの生活や人生をいろどっていると知ったとき！

File No.290
和菓子店の店長 28
小林鮎子さん／青木屋

A. つくった花束が、人と人とをつなぐ役割をしたと感じられたとき！

File No.291
フローリスト 36
薄田 樹さん／日比谷花壇

仕事のつながりがわかる
ライフイベントの仕事 関連マップ 44

これからのキャリア教育に必要な視点 52
「慣習」をこえたライフイベントを創造する 46

さくいん 48

File No.287

ジェンダーフリー・ウエディングプロデューサー
Gender-free Wedding Producer

keuzes wedding by HAKU
柴田奈々子さん
始業2年目 30歳

あらゆるカップルのためのウエディングを手がけます

結婚を希望するカップルに向けて、オリジナルの結婚式やフォトウエディング、披露パーティーを提案するサービスがあります。異性婚だけでなく、同性婚のプロデュースもしている柴田奈々子さんにお仕事についてお話を聞きました。

Q ジェンダーフリー・ウエディングプロデューサーとはどんな仕事ですか？

　結婚を決めたカップルが最高の1日を過ごせるように、どんな結婚式にするかをいっしょに考えて実行する仕事です。結婚式の準備は半年以上前から始めることが多く、お客さまとは長いおつきあいになります。

　私の仕事は、ふたりの出会いや思い出、それぞれの人生についてヒアリングすることから始まります。お話の内容から結婚式のテーマを決めて、開催場所を提案します。一般的に、結婚式はふたりの住む場所や実家に近い結婚式場で行われることが多いですが、最近は結婚式のかたちも多様になり、「式場が用意した定番のプランではなく、自由に考えたい」と思うカップルが増えました。そこで、挙式はせずに国内や海外で記念撮影をするフォトウエディングや、1泊2日の旅行のなかで家族の絆を深めるために挙式するプランなど、お客さまの要望に合わせたご提案をしています。

　結婚式が多様になったことで同性カップルの結婚式も増えていますが、同性カップルは、異性カップルに比べて多くの壁にぶつかります。例えば性別適合手術※をひかえているため結婚式の予算が少ない、多人数を招待することを想定していないため会場の選択肢が限られる、同性愛を禁じている教会などでは挙式を断られる、などです。

　日本の法律では同性婚は認められていませんが、すべてのカップルに幸せな結婚式を挙げる権利があると考えています。私はこうした方々の相談にのり、お手伝いをしています。

柴田さんのある1日

- 09:00　仕事開始。お問い合わせへの対応、メール返信（お客さまA）
- 10:00　会場見学について説明（お客さまB）
- 12:00　ランチ
- 13:00　衣装合わせへ同行（お客さまC）
- 15:30　結婚式打ち合わせ（お客さまD）
- 17:30　資料作成、事務作業
- 19:00　仕事終了

性別にとらわれない結婚式のプロデュースを手がけるkeuzes wedding by HAKUのWEBサイト。柴田さんと、共業者の田中史緒里さんのふたりで立ち上げた。

ウエディングプロデュースの流れ（結婚式を挙げる場合）

① カップルにくわしくヒアリングする
挙式希望の申し込みがあったら、当事者ふたりのなれそめや、それぞれの生い立ちなどを聞きとる。その上で、式を行う目的をはっきりさせる。

② 結婚式の提案をする
結婚式を行う際のテーマと会場を提案する。一般の式場ではない場所も候補として、ふたりにふさわしい会場を提案する。

③ 会場見学をしてもらう
提案した会場を見学してもらう。見てもらった上で、どんな人を招待するのか、司会やカメラマン、会場のフラワーデザインはだれにお願いするかなどを相談する。

④ 結婚式の詳細を決める
式の細かい内容や会場の装飾、当事者ふたりの衣装などを決めていく。衣装は、共業者である田中史緒里さんが担当する場合もある。

⑤ 本番をむかえる
決めたプランに沿って結婚式をとり行う。ふたりに心残りがないように、柴田さんはウエディングプロデューサーとして進行のすべてに気を配る。

用語　※性別適合手術 ⇒ 自分が望む性別に合わせた性腺・性器の手術のこと。手術を受けるのに、日本では、ふたり以上の医師による診断が必要、などの条件がある。

仕事の魅力

Q どんなところがやりがいなのですか?

当事者であるカップルのおふたりが結婚式を通じて今ある幸せに気づき、人生を肯定する瞬間に立ち会えることです。性別や性的指向※などに違和感をもって生きてきた人の場合、まわりの人から理解されなかった経験から「この日をむかえられたことが奇跡です」と涙ぐむことも少なくありません。

これまでの人生を肯定し、パートナーと新たな門出をむかえる姿を見ると、胸が熱くなります。その人の人生を丸ごと受け止め、ともに歩める仕事はほかになかなかありません。

同性カップル(AさんとBさん)と打ち合わせ中。「この日は式当日の衣装について相談しました」

Q 仕事をする上で、大事にしていることは何ですか?

お客さまの言葉をそのままに受けとらず、丁寧に本心を確かめることです。例えば、複雑な家庭で育った人から「母がきらい」と明かされた場合、何と言ってよいか迷いますよね。しかし、きらいな感情が芽生えたきっかけをひも解くと、「もっと認めてほしかった」「愛してほしかった」など、心の奥底にある本当の思いに気づく方も多くいらっしゃいます。記憶を丁寧に思い出すことで見方が変わり、結婚式当日、涙を流しながら両親に感謝を伝える方をたくさん見てきました。

また、人の感情や人生はその人のもので、他人が否定や評価をすることはできません。「理解してあげる」「寄りそってあげる」などと、上から目線にならないよう注意しています。

Q なぜこの仕事を目指したのですか?

幼少期に両親が離婚し、母は別の男性と再婚しました。そのとき、中学生だった兄たちが自宅で両親に結婚パーティーを開いてあげたんです。当時の私は家族の変化にうまく対応できず、とまどっていました。けれどもパーティー当日、兄たちや両親が感謝を伝え合うようすを見てわだかまりが解け、新しい父を自然に「お父さん」と呼べるようになったんです。今思えば、兄たちは私がさびしそうにしているのを見て、家族の新しい思い出をつくろうとしたのかもしれません。

だれかとともに人生を歩むには苦しいこともたくさんありますが、幸せな思い出はお守りのように家族の絆を強くしてくれます。その記憶をかたちづくるお手伝いをしたいと思い、この仕事を選びました。

Q 今までにどんな仕事をしましたか?

専門学校でヘアメイクや着付け、ドレス製作などの基礎を学びながら、結婚式場でアルバイトをしていました。卒業後は企業に就職し、ウエディングプランナーとして働くうちに、もっとお客さまの希望に沿った、自由な結婚式を提案したいと考えるようになりました。性的少数者や障害のある人など、マイノリティー(社会的少数派)とよばれる人向けのサービスが少ないことは問題だと感じていたんです。

その思いから、オリジナルウエディングのプロデュースを行う会社に転職し、その後独立しました。今は、女性の体に合うメンズタイプのスーツを仕立てる仕事をしている田中史緒里さんと、チームを組んで仕事をしています。

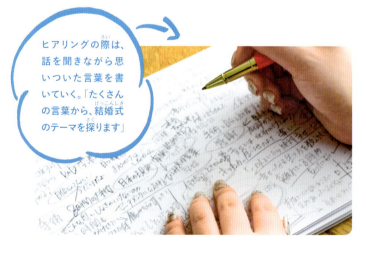

ヒアリングの際は、話を聞きながら思いついた言葉を書いていく。「たくさんの言葉から、結婚式のテーマを探ります」

用語 ※性的指向 ⇒ 人の恋愛対象がどの性に向いているかを示す考え方。

Aさんが結婚式に着るスーツを仕立てるため、サイズを測る。スーツの製作を担当するのは、柴田さんとともにプロデュース事業を手がける田中史緒里さん。

「当日はどんな髪型にしたいですか？」とBさんに希望を聞いているところ。

Q この仕事をするには、どんな力が必要ですか？

お客さまの思いを引き出す力です。

私は、「そのときの景色はどう見えましたか？」など、五感を使った質問でお客さまの記憶を引き出すことを心がけています。「そのときどう思いましたか？」という質問に対する「うれしかった」「悲しかった」といったストレートな回答は、その人の本当の思いであるとは限らないからです。

「なぜ？」とくりかえし問いかけることで、少しずつお客さまの心の内が見えてきて、結果的に、満足してもらえる式をつくることができます。ですので、「この人はどんな人なんだろう」と、他人であるお客さまに対して興味をもてるかどうかは、この仕事に大きく関わる資質だと思います。

・記録写真・

・届いたお礼の手紙・

Q 仕事をする上で、難しいと感じる部分はどこですか？

これが正解の結婚式、という答えがないところが難しいです。よい式にできているか、ふたりから聞かせてもらったすてきな思いを式で見せることができているか、ということを、式の最中にも考え続けます。けれども、式が終わっても本当に成功したかどうかはお客さまにしかわかりません。

若いころは結婚式にキラキラしたイメージをもっていましたが、人生経験を重ねて「家族のかたちっていろいろだな」「生きるのって、なかなか大変だな」と考えるようになりました。今は若いころよりも、よい結婚式をつくることの難しさと仕事としてのおもしろさの両方が、より大きく感じられています。

PICKUP ITEM

これまでに担当してきた結婚式は、当日の写真をすべてとってある。いつも見返して、それぞれのお客さまの幸せな1日に思いをはせ、初心を思い出す。プロデュースをした人たちから届いたお礼の手紙も、箱に入れて大切に保存している。

毎日の生活と将来

Q 休みの日には何をしていますか？

少し奮発して、高級な旅館やホテルに宿泊します。私はデザインやアートにこだわったおしゃれな宿泊施設が好きです。結婚式は場所や食事の内容も重要なポイントなので、「この施設で結婚式を開くとしたら……」とよく想像します。すてきだなと思ったら施設の人に名刺を渡して帰り、後日そこで結婚式をさせてもらうこともよくあります。

仕事が好きなので、休みの日も花屋に行ったり、美術館で空間の装飾や動線（人の動き）を学んだりと、つい結婚式に関係のあることをしてしまいます。

「行きつけのレストランのナポリタンがお気に入りです。おいしいものを食べて、力をつけるようにしています」

「宿泊したホテルのプールがすてきだったので、写真を撮りました。結婚式会場によいかもしれません」

Q ふだんの生活で気をつけていることはありますか？

この仕事はお客さまと長い時間向き合い、ほかの仕事ではなかなかしないような深い話もします。まじめな人ほどお客さまといっしょに悩んでしまい、体調をくずすことが多いように感じます。

私は、自分が少しでも体調がよくないと感じたら、見逃さないようにしています。無理をして働いて倒れたら、結果的に、お客さまや仕事を依頼したカメラマンなどに迷惑をかけてしまうからです。元気が出ないときは、おいしいものを食べ、よく寝て、マッサージに行きます。ストレスを減らして心身ともに健康でいられる状態を保つようにしています。

柴田さんのある1週間

同時に数カップルのプロデュースを手がけるので、会場見学への同行や衣装合わせ、式の打ち合わせなどを1日に何件も行う。この週は日曜日に結婚式があった。

時間	月	火	水	木	金	土	日
05:00	睡眠			睡眠	睡眠	睡眠	起床・準備
07:00							
09:00	朝食・準備／問い合わせ対応			朝食・準備／問い合わせ対応	朝食・準備／問い合わせ対応	朝食・準備／問い合わせ対応	会場入り／結婚式準備
11:00	お客さまA 会場見学へ同行／昼食			お客さまD 結婚式の最終打ち合わせ／昼食	お客さまE 衣装合わせに同行／昼食	お客さまB 結婚式打ち合わせ／昼食	
13:00	お客さまB 衣装店見学に同行			ドレス広告撮影／各担当と打ち合わせ（カメラマン、ビデオ撮影担当者、司会者）	お客さまA 会場見学へ同行／資料作成／結婚式用買い出し／問い合わせ対応	お客さまA 結婚式打ち合わせ／翌日の結婚式の事前搬入／会場側と前日打ち合わせ／翌日の結婚式の最終準備	お客さまD 結婚式／撤収作業／帰宅／問い合わせ対応など
15:00	お客さまC 結婚式打ち合わせ／資料作成／夕食・就寝準備	休み	休み				
17:00							
19:00				問い合わせ対応／SNS更新作業	夕食・就寝準備	夕食・就寝準備	夕食・就寝準備
21:00	資料作成			夕食・就寝準備			
23:00							
01:00	睡眠			睡眠	睡眠	睡眠	睡眠
03:00							

Q 将来のために、今努力していることはありますか？

家族のことを優先しながら仕事ができるようにすることです。会社をやめて独立したのも、祖父が倒れて意識を失ったときにすぐに実家に帰れなかったことがきっかけです。当時はとてもいそがしくて、仕事が中心の生活でした。祖父が亡くなった当日にも担当する結婚式がありました。式が終わってすぐにかけつけ、最期に立ち会うことができたので、手伝ってくれた当時の同僚に感謝しています。

この経験からも、いつか結婚して子どもをさずかったときに後悔することのないようにしたいですね。今は、ウエディングのプロデュースの仕事のほかに、ドレスの宣伝のための広告を制作する撮影現場の指揮などもしています。このような仕事も増やすことで、状況に応じて働き続けるための準備を始めています。

ともにプロデュース事業を手がける田中史緒里さん（右）と。keuzesは田中さんが立ち上げたファッションブランドで、「選択肢」を意味するオランダ語だ。

仕事のスケジュール調整をする柴田さん。「自分のペースで仕事をしたいと思っていますが、なかなか難しいです」

Q これからどんな仕事をし、どのように暮らしたいですか？

これまでの仕事で身につけた提案力、スケジュール管理力などを活かせる、ウエディング以外の仕事を増やしたいです。

ウエディングの仕事では、お客さまの希望を叶えることが優先されます。しかし広告の仕事では、ドレスなどの商品を美しく見せることが優先され、カメラマンやモデル選びが重要になります。別の業界の仕事をすることで「今までこり固まった考え方をしていたな」と気づけるので、ウエディングの仕事にもよい影響をもたらすと思います。自分が変化していくことが、私にとって楽しみのひとつです。

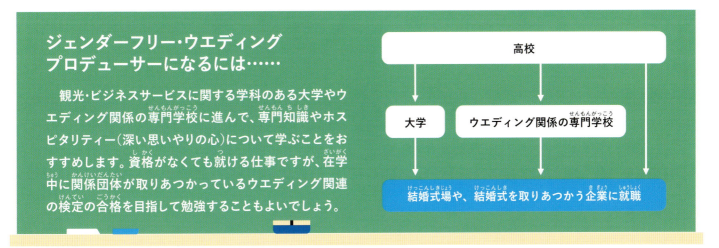

ジェンダーフリー・ウエディングプロデューサーになるには……

観光・ビジネスサービスに関する学科のある大学やウエディング関係の専門学校に進んで、専門知識やホスピタリティー（深い思いやりの心）について学ぶことをおすすめします。資格がなくても就ける仕事ですが、在学中に関係団体が取りあつかっているウエディング関連の検定の合格を目指して勉強することもよいでしょう。

高校 → 大学／ウエディング関係の専門学校 → 結婚式場や、結婚式を取りあつかう企業に就職

※ この本では、大学に短期大学もふくめています。

子どものころ

Q 小学生・中学生のとき、どんな子どもでしたか？

兄ふたりの影響で、負けずぎらいでやんちゃな子どもでした。泣いたり怒ったりすることが多く、感情が豊かだったんです。また、やりたいことを何でもやらせてくれる親だったので、習字、ダンス、ピアノ、塾はふたつをかけもちするなど習い事をたくさんしていて、いそがしかったです。

リーダーシップを発揮するような場面が好きで、委員長などのリーダーを決める場面ではいつも立候補していました。また、合唱祭や卒業式のピアノ伴奏者にも立候補しました。目立つことが好きだったというよりも、私の活躍を喜んでくれる家族の姿を見るのがうれしかったんです。そのころから、自分の幸せには家族の喜びが強く結びついていたように思いますね。

好きだった科目は国語と道徳です。国語の授業では、「このときの主人公がどう思っていたかを答えなさい」という質問がよくあります。私は自分が登場人物になったかのように感情移入することが多かったので、この質問にはあまり悩まずにすらすらと答えられ、いつも満点でした。

「その人の気持ちになって考えること」は、今の仕事で必要不可欠な能力なので、当時から身についていたのかもしれません。

「中学校の卒業式の日、教室でクラスメートと撮った写真です」

柴田さんの夢ルート

小学校・中学校 ▶ 保育士
保育園のときの先生が好きだったから。

▼

高校 ▶ ウエディングプランナー、社会福祉士
『13歳のハローワーク』という本を読んでウエディングプランナーという仕事を知った。高齢者のお世話をする社会福祉士にも魅力を感じた。

▼

専門学校 ▶ ウエディングプランナー
専門学校時代までに、やってみたいことはほぼやりきったので、学校で学んだウエディングプランナーを目指した。

柴田さんが読んでいたケータイ小説『恋空』の書籍版（アスキー・メディアワークス）。「当時は、おもに一般の人が携帯電話を使って執筆した小説が流行していました」

Q 子どものころにやっておけばよかったことはありますか？

英会話や手話の勉強です。海外の方や耳の不自由なお客さまと接するとき、いつも話している言葉と同じようには話せないので、それらが得意な人に通訳をお願いすることになります。幼いころから習っていた方が覚えやすいと思うので、やっておけばよかったと思います。

反対に、委員長に立候補したり、合唱祭や卒業式でピアノを弾いたりしたことはやっておいてよかったです。人前に立つ度胸が身につきましたし、本番当日までの練習計画を練る作業は、今の仕事に活きていると思います。

Q 中学のときの職場体験は、どこへ行きましたか？

福祉施設にひとりで行きました。1日で終わるものではなく、半年かけてその職業について学び、実際に職場体験に行ってから感想をまとめるというものでした。先生から「こうしなさい」と強制された記憶はないので、生徒に自主的に計画を立てさせて行動をうながすことがねらいだったのかもしれない、と今になって思います。

施設には、毎週金曜日の5～6時間目に通いました。障害のある方といっしょに折り紙をしたり、リハビリテーションをかねてキャッチボールをしたりしました。

Q この仕事を目指すなら、今、何をすればいいですか？

知らない環境に飛びこむ経験をするとよいと思います。自分の考えが固まりきっていない若いときに、これまでになじみのない状況で新しい体験をすると、視野が広がります。

私は高校時代に、親友の女の子から好意を伝えられたことがあります。自分には偏見はないと思っていましたが、何だか急に意識してしまい、それ以降彼女と話せなくなってしまいました。頭で理解しているつもりでも実際に経験してみないとわからないことは、世の中にたくさんあります。今の環境だけにとらわれず、いろいろな人との出会いを通じて、豊かな心を育んでください。

Q 職場体験ではどんな印象をもちましたか？

自分に何ができるのだろうと不安でしたが、実際に行ってみると、元気よくあいさつができること、明るく前向きなことをとてもほめてもらえました。だから、「今日は何をしよう」と考えるのが毎週楽しみでしたね。

今まで出会ったことのない人から必要とされることが、うれしかったんだと思います。職場体験を通じて、将来働くことに対して、不安よりも「早く社会に出たい」という前向きな気持ちをもてるようになりました。

今ある幸せに気づけるような、そんな一日をプロデュースします

－ 今できること －

ふだんの暮らし
それぞれのお客さまにあった結婚式やフォトウエディングを提案できるように、多くの行事やイベントに参加し、さまざまな人とふれ合って自分の考え方を広げましょう。国際交流に関するボランティアなどに参加したり、生徒会の活動にチャレンジしたりすると、よい経験になります。
また、映画、ドラマ、アニメなどの映像作品を鑑賞したり、読書をしたりして、人にはさまざまな生き方があることを知るとよいでしょう。

国語 立場がちがう人たちの考えを比べながら聞く力、相手の立場を尊重して話し合う力を養いましょう。読書でものの見方を広げることも大事です。

社会 多くの国で、すべての人に平等な社会を目指してさまざまな取り組みが行われています。公民の授業を通じて、現代日本の特色や国際社会の課題に注目しましょう。

家庭科 家族・家庭生活の項目で、家族や家庭のもつ機能について学び、協力や協働の大切さについて考えてみましょう。

英語 海外のお客さまにもスムーズな対応ができるように、英語の基礎を身につけましょう。

File No.288

ユニバーサルデザインの晴れ着店スタッフ

Staff at a Universally Designed Formal Wear Shop

明日櫻(あすさくら)
森 聡美(もりさとみ)さん
入社4年目 30歳

晴れ着を
あきらめていた人にも、
めでたい日のおしゃれを
楽しんでもらいます

障害や病気などにより、成人式や結婚式に着物でよそおうことが難しい人がいます。そこで、車イスに座ったままでも着付けができる晴れ着が開発されました。明日櫻というお店で着付けや撮影のサービスを提供する森聡美さんに、お話を聞きました。

用語 ※ユニバーサルデザイン ⇒ 年齢、性別、障害の有無、国籍、文化のちがいなどに関係なく、できるだけ多くの人が利用できるように、製品や建造物を設計すること。

Q ユニバーサルデザインの晴れ着店スタッフとはどんな仕事ですか？

私は、だれでも簡単に着ることができるユニバーサルデザイン※の晴れ着を製作し、貸し出しをする店で働いています。私が働く明日櫻は、成人式や結婚式などの節目のお祝いに、障害があってもなくても、どんな人にも安心して美しいよそおいでとくべつな体験をしてもらいたい、という思いで私の母が始めた店です。着物の貸し出しのほか、店で着付けをして、併設のスタジオで撮影まで行うこともあります。

私が担当しているのは、着物に合わせて帯や小物を製作するデザイナーの仕事と、晴れ着姿の写真を撮る仕事、写真の編集作業の３つです。とくに力を入れているのは写真の編集作業です。障害のために姿勢を保てない方の場合は、美しく見える姿勢になるようにパソコンで写真を編集します。脳死状態の方の家族から「笑っているように撮ってください」と希望されたときは、医師である父のアドバイスや医学書を参考にして、ほほえんで見えるように編集しました。このようにして、お客さまの要望に全力で応えます。

この店は、介護施設に入った母の祖母（私の曾祖母）が「着物を着たい」と言ったのをきっかけに、母が特製の着物をつくったのが始まりです。大事な着物を上下に切断したため、怒られないかと心配したのですが、曾祖母はとても喜んだそうです。この案をもとに和裁士※と５年間検討を重ね、最終的には上半身を割烹着のように前から袖を通し、後ろで留めるかたちにして特許をとりました。襟は縫いつけてあるので、襟もとがくずれず、美しく保てるのが特長です。

森さんのある１日

- 9:30 出勤。撮影の準備をする
- 10:00 お客さまが到着。着付けをし、店内のスタジオで撮影をする
- 14:00 撮影終了。ランチ SNSの更新作業をする
- 16:00 撮影した写真を編集する
- 18:00 退勤

明日櫻が開発した、ユニバーサルデザインの晴れ着。車イスに座ったまま、５分間で着付けができる。帯もふくめて、すべて特許取得済みだ。モデルをつとめるのは妹の知穂さん。

明日櫻のサービス提供の流れ

① サイズをヒアリングする
お客さまにヒアリングシートを送り、肩はば、左右の足の長さ、ウエストなどのサイズを書きこんでもらう。お客さまの写真も数枚送ってもらい、仕立ての参考にする。

② 病気などによる注意点を確認する
ヒアリングシートの備考欄に病名が書いてあったら、着付けの際に気をつけなくてはならない点などを医師に確認する。

③ マネキンを使って着物を仕立てる
ヒアリングシートをもとに、マネキンを使ってお客さまの寸法を再現する。そのマネキンにぴったり合うように着物を仕立てる。できたらお客さまの住所宛に送る。

④ 写真撮影をする
明日櫻で撮影する場合は、お客さまに来店してもらい、メイクをした後に着付けをする。それから写真撮影をする。

⑤ 撮影した写真を編集する
写真の編集を希望された場合はパソコンで編集する。姿勢がよく見えるようにしたり、本人の病状が悪化する前の写真を参考にして自然なほほえみにしたりする。

用語 ※和裁士 ⇒ 和服を仕立てる仕事をする人のこと。ミシンを使わず手縫いをする。正式には「和裁技能士」といい、国家資格のひとつ。

仕事の魅力

Q どんなところがやりがいなのですか？

ご家族のとくべつな日をお手伝いできるところです。

成人式や親戚の結婚式を晴れ着でお祝いしたいけれども、通常の着物を着るのが難しいからと、あきらめている人たちがいます。例えば、病気のために体がこわばって着物に腕を通すことが難しかったり、同じ姿勢を保つことができなかったりする方々です。写真館などで記念写真を撮ったことがない、という方も多くいらっしゃいます。明日櫻で初めて晴れ着姿を撮った娘さんのご両親が、涙を流して喜ぶのを見ると、やりがいとともに大きな責任を感じますね。

同様のサービスを行う会社がほかになく、遠方からのお客さまも多いので宿泊設備も整えました。撮影のために、家族総出の7名で来られたご家族もいらっしゃいましたよ。

Q 仕事をする上で、大事にしていることは何ですか？

明日櫻での撮影がお客さまの人生でいちばん幸せなイベントだと思ってもらえるように、力をつくすことです。ひとつの工夫として、採寸情報をもとにご本人のサイズを細部まで再現したマネキンをつくり、それを使って着物を仕立てています。できた着物をお送りしてご家族で着付けをしてもらう場合はとくに、ご本人の体にぴったりに仕上げることで、楽に手際よく着付けをしてもらえることが大事です。

店での撮影では疲れないように休憩を多めにとってもらう、動画鑑賞でリラックスしてもらうなどの工夫をしています。

お客さんから体の各部位のサイズをメールで送ってもらい、マネキンでお客さんの体格を表現する。マネキンに合わせて着物の寸法を手直しする。

Q なぜこの仕事を目指したのですか？

会社の代表をつとめる母が必死に仕事をしている姿に、感銘を受けたからです。

母が会社を立ち上げたのは2015年、私が大学生のときでした。起業する何年も前から、母は着物のデザインやWEBサイトの更新など、ひとりですべての仕事をしていました。私は当時、母を手伝いながら、大変そうだなと、どこか人ごとのような気持ちでした。けれども、手伝う時間が増えていくうちに、自分の仕事ととらえるようになったんです。

注文が増えて、2021年にWEBサイトを新しくすることになり、それを機に正式にこの会社で働くようになりました。

「着付けの手順はまず、着物の下半身の部分を腰に巻きつけて整えます」

「次に、上半身です。割烹着のように、前から袖を通して着せます」

「上下の着付けができたら、飾り紐を縫いつけた帯を、前方から取りつけます。最後に、つくり帯（結び目をかたちづくったもの）を背中側に差しこんで、完成です」

Q 今までにどんな仕事をしましたか?

　大学卒業後はデザイン会社に就職しました。その後、明日櫻で働くことを決意しましたが、学校でも会社でもデザインのことしか勉強してこなかったため、マナーや接客技術に不安があったんです。そこで、近くにあるJAXAのつくば宇宙センターで、ツアーガイドとして1年半ほど働きました。

　今の仕事に必要な撮影技術は、仕事をしながら覚えました。カメラ店でライトの当て方について質問したり、カメラマンから研修を受けたり、動画サイトを見て被写体の角度を研究したりしました。撮影の練習にはマネキンを使いました。家族にモデルになってもらったこともあります。

- 装飾用の小物
- 裁縫箱
- 帯紐
- 帯紐と小物を縫いつけた帯

PICKUP ITEM

着物に合う帯をコーディネートするのが、森さんの大事な仕事だ。流行のデザインを取り入れて帯にフリルやレースをあしらうこともある。ワンタッチで取り外せる仕組みになっているこれらの帯は、すべて手作業で製作するので、糸や針を保管する裁縫箱が必需品。

着物の帯紐に、針と糸でビーズを縫いつける。「アンテナを張って、流行を取り入れています。若い女性たちに、おしゃれを楽しんでもらいたいからです」

Q 仕事をする上で、難しいと感じる部分はどこですか?

　医療や福祉の面で、自分の知識や経験が足りない点が難しいと感じます。明日櫻は難病をかかえた方や重度の障害がある方、海外の方など、いろいろな方が利用しています。とくに障害や病気など専門性が高い医療の分野では、お客さまの命に関わることもあるため、軽率な判断をすることは許されません。そんなときは必ず専門家である医師の父に相談して、お客さまに安心してもらえるようにしています。

Q この仕事をするには、どんな力が必要ですか?

　謙虚な心が必要だと思います。私には、着物という分野での専門の知識や経験が足りず、学ぶことが多いです。わからないことは和裁士や着付け師※の先生に「わかりません。教えてください」と伝え、教えてもらうことが大事だと思っています。

　ただ、和裁士さんも着付け師さんも、何年も修業して専門技術を身につけてこられた方です。先輩方に対して、何でも気軽に聞いて知識を提供してもらうことはつつしみたいので、できるだけ自分で調べて、それでもわからなかったら聞くようにしています。

用語 ※着付け師 ⇒ 着付けの技術や和服に関する知識を活かして、お客さんに正しく美しく着付けをする専門職。「着付け技能検定」に合格することで、国家資格を得られる。

毎日の生活と将来

Q 休みの日には何をしていますか?

1歳の娘と公園に行ったり、色鉛筆でお絵描きをしたり、シャボン玉やボール投げの遊びをしたりしています。娘が絵本を持ってきたときは、読み聞かせもします。

娘は活発で、家のなかでも立っていることが多いのですが、座るときはいつも家族のだれかの膝の上です。娘にあまえられたら、全力で遊んであげます。たとえ仕事で疲れていても、子どもとここまで親密に過ごせるのは今しかないからです。娘と遊ぶのは楽しいですし、見ているだけで幸せです。

「娘が生まれて初めての家族旅行で、千葉県にある鴨川シーワールドに行きました。生きものが大好きな娘は大喜びでした」

「妊娠8か月のとき、夫婦で記念撮影をしました。締めつけ感のない自社の着物を、ゆったりと着用しました」

Q ふだんの生活で気をつけていることはありますか?

きちんとあいさつをするようにしています。あいさつを交わすことで人とのつながりが広がりますし、何より、人間が生活していく上での基本だと思うからです。娘にとっても同じです。勉強ができるかどうかよりも大切なことだと思うので、厳しくしつけています。

また、自分の発した言葉で相手を傷つけることがないよう、言葉づかいに気をつけています。人の信用を得るのは簡単なことではありませんが、失うのは一瞬だと思い知った体験が過去にあるので、とくに気をつけています。

森さんのある1週間

	月	火	水	木	金	土	日
05:00	睡眠	睡眠		睡眠	睡眠	睡眠	睡眠
07:00	朝食・準備	朝食・準備		朝食・準備	朝食・準備	朝食・準備	朝食・準備
09:00	出勤	出勤		出勤	出勤	出勤	出勤
11:00	メールチェック・SNS更新 / 写真の編集作業	メールチェック・SNS更新 / 帯のコーディネート		メールチェック・SNS更新 / 写真の編集作業	ヘアセット・着付け撮影	ヘアセット・着付け撮影	ヘアセット・着付け撮影
13:00	昼食	昼食		昼食	昼食	昼食	昼食
15:00	SNSの更新 / 写真の編集作業	SNSの更新 / 和裁士の先生に相談	休み	SNSの更新 / 写真の編集作業	SNSの更新 / 写真の編集作業	SNSの更新 / 写真の編集作業	SNSの更新 / 写真の編集作業
17:00	退勤	退勤		退勤	退勤	退勤	退勤
19:00	夕食	夕食		夕食	夕食	夕食	夕食
21:00	SNSの更新	SNSの更新		SNSの更新	SNSの更新	SNSの更新	SNSの更新
23:00							
01:00	睡眠	睡眠		睡眠	睡眠	睡眠	睡眠
03:00							
05:00							

この週は週末に3件の撮影が入った。このように、いそがしい週は休みが1日になるときもある。

Q 将来のために、今努力していることはありますか？

英語の勉強をしています。自社で開発したユニバーサルデザインの着物エプロン『おさらい着』が、2024年、プロダクトデザイン部門でiF DESIGN AWARD※を受賞しました。その授賞式に出席するために家族でドイツ・ベルリンへ行ったのですが、そのときに英語が話せない不便さを痛感しました。また、お店に海外のお客さまが来られたときにも翻訳アプリでは思いを伝えきれず、もどかしさを感じましたね。

娘には言葉の壁を感じることなく、自由で広い世界に挑戦してほしいです。そのためにも、まずは親の私から始めようと思い、少しずつ英語を学んでいるところです。

「母を中心に、父と妹、夫にも手伝ってもらって、家族みんなで明日櫻を支えています」

着物エプロン『おさらい着』は、だれもが気軽に着物を着た気分になれるエプロン。

撮影も、森さんの大事な仕事だ。「お客さまの笑顔を引き出すために、事前のコミュニケーションは欠かせません」

Q これからどんな仕事をし、どのように暮らしたいですか？

明日櫻という会社を多くの方に知ってもらうために、新しい事業に挑戦したいです。着物に限らず、ユニバーサルデザインの衣服の開発に意欲的に取り組みたいですね。

また、お客さまによい時間を過ごしてもらうために、できることは何でもしようと思っています。遠方からのお客さまのために宿泊設備を整えたほか、庭を日本庭園風にしてそこで撮影するサービスも始めました。これらも好評です。

何よりも、創業者である母がこの仕事を楽しくやりきれるようにサポートを続けることが、私の役割だと思っています。

ユニバーサルデザインの晴れ着店スタッフになるには……

撮影技術に加えて、服飾と福祉の知識が役に立ちます。芸術系の専門学校や大学へ進学して写真・デザインを学ぶ、あるいは服飾系の専門学校や大学でファッションを学ぶのも一案です。また、福祉系の大学で福祉学について学んだり、演習や実習を行ったりして、福祉の現場に必要な技術や知識を習得することもおすすめです。

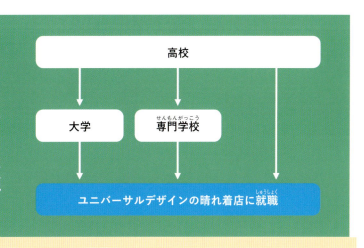

用語 ※ iF DESIGN AWARD ⇒ 工業製品などの分野で優れたデザインを表彰する、ドイツでのデザインコンテスト。世界三大デザイン賞のひとつ。

子どものころ

Q 小学生・中学生のとき、どんな子どもでしたか？

活発な子どもでした。勉強がきらいだったので、勉強をしなくてもよい時間をつくろうと、ピアノ、習字、体操、バレエ、マーチングバンドなどの習い事に週7日通っていました。やりたいことは何でもやらせてもらえる環境でしたが、その代わり、結果を出すまでやめない、という決まりがあったので、子どもなりにどの習い事にもしっかりと取り組みました。

中学2年生のときにいじめを受けたことが、私にとって大きな体験でした。クラスでも陸上部でも、1年ほどいじめが続いたんです。私はストレスで家族にあたり散らすなど、荒れた日々を過ごしました。反抗期でもあり、いじめられていることは親にも伝えませんでしたが、母が気づいて部活の保護者会で問題提起をしてくれたんです。とてもつらい経験でしたが、親に大事にされていることがよくわかり、いずれは自分が親を守る側になりたいと思うようになりました。

中学3年生になって、絵を描き始めました。『不思議の国のアリス』の画集がすてきだったので興味をもったんです。いじめのこともあり、自分にとって武器となるような技術を身につけたいと思い、何時間でもひたすら絵を描いていました。美術系の高校を受験すると決めてからは学習塾にも通いました。いくら勉強がきらいでも、好きなことをするためには努力をしなければならないと教えられていたので、塾でも自習室におそくまで残って勉強していました。

森さんの夢ルート

- **小学校 ▶ とくになし**
  将来のことはとくに考えていなかった。

- **中学校 ▶ アートの仕事**
  絵を描くことに目覚め、アート関係の仕事に興味をもった。

- **高校 ▶ 画家**
  美術系の高校に進み、絵画の勉強をした。絵を描くことが大好きだった。

- **大学 ▶ デザイナー**
  画家として生活することの大変さに思いいたり、デザイナーになろうと思った。母に、明日櫻の後継者に指名された。

中学で陸上部の大会に行ったときの写真。「母と、思春期のころの私です」

Q 子どものころにやっておいてよかったことはありますか？

やってよかったのは習字です。幼稚園のときから中学3年生まで続けて、師範の免許をとりました。

スマートフォンやパソコンが普及して"書く"という動作が減りつつありますが、読みやすい文字を書けることは大事です。さっと書いたメモをほかの人が見たときに、何が書いてあるのかわからない文字では相手が困ってしまいます。

また、習字をする間、じっと座って気持ちを落ち着かせることができるのがよい点だと思います。

中学3年生のときにひたすら描き続けたスケッチ。「身近にあるものを何でも、画材を変えて描きました」

Q 中学のときの職場体験は、どこへ行きましたか?

中学2年生のときに1週間、保育園に行きました。7人の同級生たちと保育園へ行ったのですが、なぜか私にだけやんちゃな男の子が近寄ってきたんです。その子に暴力をふるわれ、とても困りました。

私には保育士は向かないと思い、庭のすみで草むしりをしていたことを覚えています。

Q 職場体験ではどんな印象をもちましたか?

保育園はかわいい子どもがいるところだとしか思っていなかったので、その子のふるまいにおどろきました。将来、保育園や幼稚園の先生には絶対にならないと思いました。ただ、今思えば、当時の私は反抗期真っただ中で、家族にも「目つきがこわい」と言われていた時期でした。そんな私に、子どもたちも不穏なものを感じたんだと思います。

一方で、保育士は大変な仕事だという気づきもありました。子どもと遊べばよいという軽い気持ちで保育園へ行きましたが、先生たちの仕事ぶりを見ているうちに、大変な毎日の積み重ねで成り立っている仕事だと知りました。想像もしておらず、自分の幼さを実感しましたね。

Q この仕事を目指すなら、今、何をすればいいですか?

好きなことや得意なことに挑戦して、最後まで極めて自分のものにしてください。それを心から楽しむことで強くなり、つらい経験があってものりこえる力になるはずです。

好きなこと・得意なことがわからなければ、今、自分にあたえられていることに正面から向き合ってください。それにはどんな意味があるのかを考え、将来どうなりたいのかを想像してほしいです。そして、自分の描いた将来像に近づくために何をしたらよいかをノートに書き出してみてください。具体的に書き出すことで頭のなかが整理されて、考えがまとまり、実際にやるべきことがわかってくるはずです。

服飾と福祉が合体したこのサービスを、大事に育てていきたいです

－ 今できること －

 ふだんの暮らし

身近な人に困っていることがないか、目を向けてみることが大切です。機会があれば、福祉施設の職場体験やボランティアを経験し、障害のある人がどのような生活をしているのかを見たり、体験したりしましょう。そして、だれもが行事やライフイベントの席に出られるために必要なサポートについて、考えてみましょう。

また、日本の着物や行事などの文化に関心をもつことも大切です。行事にふさわしい衣服や服装のマナーを調べてみると、よい勉強になります。

 美術 日本の文化を理解し、美しさを味わう力を養いましょう。また、デザインなどの表現する活動を通じて、かたちや色彩、図柄、材料の組み合わせ方を学びましょう。

 体育 障害のある人のリハビリテーションから始まったパラリンピックについて学び、共生社会のあり方を考えましょう。

 家庭科 手縫いの作業が必要になることもある仕事です。「並縫い」「本返し縫い」「半返し縫い」などの基本的な裁縫の技術を身につけましょう。

 英語 着物の文化を海外の人にも伝えられるように、英語を得意にしておくとよいでしょう。英語を使って、自分の考えを話したり、書いたりする練習を積みましょう。

File No.289

エンディングプランナー
Ending Planner

むすびす
大淵駿介さん
入社4年目 26歳

心のこもった葬儀を**実現**することで、**遺**された人の役に立ちます

葬儀は、故人をとむらうための大切な儀式です。葬儀に特化したサービスを提供する会社で、葬儀のプランを立てる人がいます。むすびすという会社でエンディングプランナー※として働く大淵駿介さんに、お話を聞きました。

用語 ※ エンディングプランナー ⇒ 葬儀に関する一連の儀式の計画を立てる人。
「エンディングプランナー」はむすびすの登録商標。他社では葬祭プランナーともよばれる。

Q エンディングプランナーとはどんな仕事ですか？

親族を亡くした方が葬儀を行う際に、遺族であるお客さまの、式に対する思いをくみ取り、葬儀のプランを立てる仕事です。仏式の場合は亡くなられて数日の間に、縁のあった人が参列し、通夜と告別式※を2日かけて行うことが一般的です。しかし近年は、家族だけで1日で告別式を行うことも多く、葬儀のスタイルは多様化しています。どのスタイルでも、亡くなってから埋葬までの短期間に遺族が考え、決めなくてはならないことは多くあります。そこで、私はご遺族から故人の人となりや葬儀に関する希望を聞き、ご遺族の代わりに、どんな式にするかを具体的に考えて提案します。

葬儀のプランは、会場の規模や参列者数、予算などに合わせて、決まったメニューのなかから選べるようにしている会社が多いのですが、むすびすでは故人ひとりひとりに合わせてプランを組んでいます。音楽好きだった故人のために葬儀場でライブを行ったり、庭づくりが大好きだった故人のために会場に庭師をよんで飾りつけをしたりした葬儀が印象に残っています。

打ち合わせは故人のご自宅で行うことが多いです。故人の生前の生活がわかる場所で、ご遺族と3時間ほど話をし、その場で葬儀のプランを立てて提案します。私は月に20件ほどの打ち合わせを行っています。

葬儀は故人のために行うものですが、遺族が前を向いて進んでいくためにも大切な時間だと考えています。そのため私は、「ふつう」や「形式」にとらわれない提案をしています。

大淵さんのある1日

- 9:30 出勤。遺族の自宅へ直接行く
- 10:00 遺族と打ち合わせをする
- 13:30 ランチ
- 14:00 打ち合わせた内容をまとめて、会社にいる葬祭ディレクターへ
- ▼ 引きつぐ
- 16:00 事務所へ移動、ついでに休息をとる
- 16:15 事務所で報告書を作成する
- 17:15 翌日の打ち合わせの準備をする
- ▼
- 18:00 退勤

むすびすが提案した葬儀の一例。故人の思い出の写真を大きく飾り、好きだった花をあしらって故人を見送った。

むすびすの葬儀の流れ

① コールセンターで受付
コールセンターの担当者が遺族からの最初の連絡を受ける。それぞれにちがう遺族の状況を通話で正確に聞きとり、要望や不安をできる限り解決する。聞きとった内容はエンディングプランナーに引きつがれる。

② 遺族との打ち合わせ（大淵さん担当）
エンディングプランナーが故人の家を訪れ、家族構成などを確認しながら、遺族の葬儀についての希望を聞く。聞いた上で、過去の例などを見てもらいながら葬儀のプランを提案する。見積書も作成する。

③ 葬儀の準備
遺族が見積書にOKを出したら、葬祭ディレクターが葬儀全体を取り仕切り、準備をする。棺を準備する会社、ご遺体を霊柩車で搬送する会社、食事の仕出しを行う会社などへも連絡し、手配する。

④ 葬儀を行う
葬儀当日は葬祭ディレクターが取り仕切り、告別式などの葬儀を行う。エンディングプランナーが同席する場合もある。式が終わったら火葬場へ同行し、遺族といっしょに故人をお見送りする。

⑤ アフターサポート
葬儀後、アフターサポート担当が遺品整理や遺産相続の相談にのり、必要に応じて専門家を紹介する。遺族の不安や悩みを解消する。

用語 ※通夜と告別式 ⇒ 通夜は、告別式の前夜に故人をしのびながら最後の夜を過ごす儀式。親族や親しい友人など、縁の深い人々が集まる。告別式は故人とのお別れの儀式で、一般の参列者の焼香、献花、火葬場への出棺などを行う。

仕事の魅力

Q どんなところがやりがいなのですか？

ご遺族と打ち合わせをしながら、「この家族が悲しみをのりこえるにはどんな式がよいのか」と真剣に考えているときに、やりがいを感じます。お葬式は悲しいものですが、本当に心残りのないお見送りができたときは、ご遺族の方がすがすがしい表情になってくださいます。

むすびすでは、遺品整理や遺産相続に関して相談にのるアフターサポートも行っています。サポートを通じて葬儀後もご遺族との関わりが続くのですが、サポートの担当者からご遺族のつつがないようすを聞くと、力になれたという実感をもててうれしくなります。

Q なぜこの仕事を目指したのですか？

大学時代は舞台に打ちこみ、芝居の演出や役者をしていました。卒業後も演劇を続けるつもりでしたが、コロナ禍と重なり、人が密集することが制限されて、舞台の仕事では生きていくのが難しいと思ったんです。

そこで就職活動をすることに決めて、結婚式を行う会社を調べました。舞台演出とも共通する、「場」をつくる仕事ができると思ったからです。ところがその時期からの就職活動では間に合わないと知り、「冠婚葬祭※」の葬祭の仕事はどうか、と探して見つけたのが今の会社です。「命をむすび、命を輝かせるための時間をつくる。その手段としてお葬式をする」という会社の方針を聞き、興味を引かれました。

Q 今までにどんな仕事をしましたか？

入社後しばらくは、役所に故人の死亡診断書を出しに行くなどの事務手続きや、葬儀までにご遺体がいたまないよう棺にドライアイスを入れるといったサポート業務をしました。その後、葬儀当日の現場を担当する葬祭ディレクターを経て、エンディングプランナーになりました。

どの業務でも、まずは先輩の現場に同行して見て学び、細かい項目ごとに習熟度を確認することになっていました。おすすめする祭壇の選び方や遺影の選び方など、合格した部分から、現場で先輩に助言をもらいながら、自分が主体になってプランナーの仕事を行うことに慣れていきました。

故人の家を訪ねて葬儀の提案をする大淵さん。

Q 仕事をする上で、大事にしていることは何ですか？

悲しみが深くて葬儀に向き合うことができない方、事務的にさっと葬儀を終わらせようとする方など、いろいろな方がいらっしゃいます。何気ない言葉や反応からご遺族の要望や言葉にできない思いをくみ取れるよう、アンテナを張ることを大事にしています。

また、葬儀は故人にとって一度きりの儀式なので、失敗は許されません。結婚式場と比べて葬儀場の使い方には制限が多いため、故人にぴったりの式を提案するには、楽器演奏の可・不可など会場のルールの確認も大切です。

「葬儀のご提案を絵で表すことも多いです。祭壇などのイメージを、その場でスケッチして伝えます」

用語 ※冠婚葬祭 ⇒ 成人のお祝い、結婚式、葬式（葬儀）、先祖を祀るお祭り、という人生の四大儀礼のこと。現代では結婚式と葬式をさすことが多い。「葬祭」は、葬式に加えて、初七日、四十九日など故人を供養するための法要もふくんだ言葉。

大淵さんが担当した告別式の一例。ジャズバンドのリーダーをしていた男性の葬儀を、ライブ風に演出した。

棺といっしょに"満子ファミリー"と書かれたパネルの前で。「家族を何よりも大切にしてきた満子さまのお葬式で、最後の家族写真を撮影しました」

Q この仕事をするには、どんな力が必要ですか？

人と話をするのが好きであることは必要です。それに加えて、目的を定め、そのためには何が必要で今何をすべきなのか、と順序立てて考えられる人が向いています。葬儀を終えたとき、ご遺族にこんな心もちになってほしいという目標を定め、必要な演出を考えるのが私たちの役割だからです。演劇の舞台でも、物語を通じて観客に伝えたいメッセージが前提にあって、舞台装置やセリフを決定していくので、その点では大学時代の経験が活きていると感じます。

また、人の力になりたいという気持ちがあることも重要です。相手は大切な人を亡くしたばかりです。この気持ちを根っこにもっていることで、言葉の選び方や接し方が自然と変わってくると思います。

● 会社のパンフレットとバインダー ●

● ペン類 ●　　● タブレット ●

PICKUP ITEM

遺族との打ち合わせには、会社のパンフレットなどの書類を入れた、バインダーを持参する。葬儀の流れを説明するとともに、式の進行に必要な故人の家族構成や遺族の名前を聞いて用紙に記入する。これまでに行った葬儀の例を見てもらうのに、タブレットも必須。打ち合わせの場で祭壇のイメージイラストを描いて提案することもあるので、カラーペンも常備している。

Q 仕事をする上で、難しいと感じる部分はどこですか？

日々接するご遺族は、身内を亡くしたばかりの傷心の状態の方なので、細かく気を配る必要があります。また、つらい話を聞いたり、ご遺体を目にしたりする仕事なので、自分自身もダメージを受ける場合があるのは難しい点だと思います。故人が幼い子どもや自分と同世代だったりすると、とてもつらい気持ちになりますね。

そんなときはご遺族に「寄りそう」「同じ目線に立つ」ということをしないようにします。私がいっしょになって悲しんでも何も解決しないと考えて、悲しむ気持ちを「遺族に前を向けるようになっていただく」という責任感に変えます。これがエンディングプランナーとしての私の役割だと思います。

毎日の生活と将来

Q 休みの日には何をしていますか？

学生のころは家で動画や映画を観て過ごすことが多かったのですが、仕事を始めてからは、会社の人たちと遊びに出かけることが増えました。社内イベントが活発な会社なので、バーベキューやキャンプなどができるアウトドア施設や、水族館、動物園など、いろいろなところへ行きました。

会社の人と遊ぶようになったら個人的にも出歩く機会が増え、先日は友人とショッピングモールで開かれていた園芸系のワークショップに参加しました。楽しくて、4時間くらい集中して"苔テラリウム"というものをつくりました。

「私の祖父母です。いつまでも元気でいてほしいです」

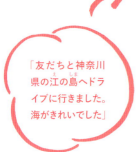

「友だちと神奈川県の江の島へドライブに行きました。海がきれいでした」

Q ふだんの生活で気をつけていることはありますか？

毎日死と向き合うことで自分自身の「生」を考えるようになり、家族や親族を大切にしようと思えるようになりました。だれにでも死は訪れます。自分も家族も絶対に死ぬのだから、そのときに後悔しないように「今どう生きるか」が大切だと感じるようになったんです。ですので、時間を見つけて実家に帰ったり、祖父母に電話をかけたりしています。

また、自分が死んでしまったら幸せは感じられませんし、家族が死んでしまったら、感謝の気持ちも伝えられないということをよく考えます。その結果、だれかに何かをしてもらったら、ささいなことでも感謝を伝えることを大事にするようになりました。小さな幸せに気づき、それをまわりにも伝えることを心がけています。

大淵さんのある1週間

朝、出先で部署内のオンライン打ち合わせをしてから、1日に1件か2件のお客さまとの打ち合わせを行う。この週は、木曜日に通夜、金曜日に告別式があった。

Q 将来のために、今努力していることはありますか？

葬儀に対する思いや考えを、言葉にして後輩に伝えています。私には、プランナー職はこの会社の重要なポジションだという自負があります。今は葬儀が簡素化されがちな時代ですが、だからこそ葬儀の価値を伝えることで、次の世代にもエンディングプランナーとして活躍してもらいたいです。

これは後輩に限らず、同期や先輩に対しても同じです。仕事に対する思いや将来的にやりたいことを、声に出して伝えるようにしています。熱い思いを語るのはちょっと恥ずかしいですが、それを茶化すことなく受け止めてくれるのが、むすびすのいいところです。言葉にすると、漠然としていた自分の気持ちがはっきりするなどの利点もあります。

「丁寧な仕事をすることで、『葬儀を行うことで命を輝かせる』というむすびすの理念を、より具体的なかたちにしていきます」

葬儀会場で葬儀の準備を手伝う大淵さん。「ご遺族が悔いのないように故人をお見送りできる場にします」

Q これからどんな仕事をし、どのように暮らしたいですか？

葬儀の価値を広く伝えるために、この会社をよりよく、大きくしていきたいです。葬儀は悲しむためだけでなく、遺された人が新たな一歩を踏み出すための大切な儀式です。この考えを人々に伝えて、思いのこもった葬儀を行いたいと考える人を増やしたいです。

求められている葬儀は、多くの参列者を集めて盛大に、という従来型のものだけではありません。例えば、オンラインで会場とつないで行う遠隔参列や、当日参列できない方でも故人の思い出の映像が見られるようにQRコードを配布するなどの工夫も考えられます。時代に合った方法で故人と向き合える新しい仕組みを生み出していきたいです。

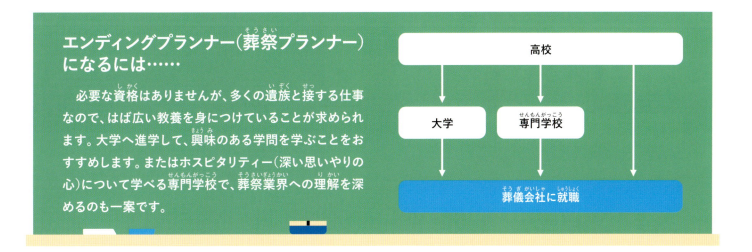

エンディングプランナー（葬祭プランナー）になるには……

必要な資格はありませんが、多くの遺族と接する仕事なので、はば広い教養を身につけていることが求められます。大学へ進学して、興味のある学問を学ぶことをおすすめします。またはホスピタリティー（深い思いやりの心）について学べる専門学校で、葬祭業界への理解を深めるのも一案です。

高校 → 大学 / 専門学校 → 葬儀会社に就職

子どものころ

Q 小学生・中学生のとき、どんな子どもでしたか？

　小学生から高校生まで、ずっと野球に打ちこんでいました。小学生のときに入った地域のチームでキャッチャーになってから、中学・高校でもずっとキャッチャーでした。

　じつは私は、小さいときから泣き虫だったんです。今思うと、感受性が強すぎたのかもしれません。人が考えていることを感じとりやすかったため、空気を読みすぎたり、周囲の人の顔色が気になったりと、つねに気を張って疲れていました。このままではストレスが大きすぎると思い、意識して言いたいことを言うようにしたときから、だいぶ楽に生きられるようになりました。子どものころはつらかったですが、感受性の豊かさは今の仕事に役立つと思っています。一方で、人を笑わせたり人前に立ったりすることも好きで、学校行事では喜んで演劇や漫才をする一面もありましたね。

　勉強は、中学時代にはがんばっていたと思います。通った塾は成績順でクラス分けされていたので、上位のクラスにいたいという緊張感がよい刺激になりました。得意科目は国語で、とくに説明文や物語文の分野がとても得意でしたね。感受性の強さからか、まるで作者が自分にのりうつったように、考えていることがわかるので、この分野はいつも満点でした。

大淵さんの夢ルート

小学校 ▶ お金持ち
記憶にないが、作文に「夢はお金持ち」と書いていた。

中学校 ▶ ハンバーガーショップの店員
「ハンバーガーショップで働きたい」と言っていた。

高校 ▶ 管理栄養士
病気をして入院し、食事制限を経験したことで栄養学に興味をもった。

大学 ▶ 演劇に関わる仕事
大学で舞台芸術を学び、演劇に関わる仕事に就きたいと思った。叶わないなら、無理に就職する必要はないと考えていた。

「中学生のころに夢中になったゲームソフト。「プレーにかなりの時間を費やしましたね」

「野球部の写真です。体育祭の開会式で野球部員が漫才をやる伝統があり、立候補したんです。当日は、結構ウケました」

中学の卒業アルバムにのっている大淵さん。「このころには泣き虫を卒業していました」

Q 子どものころにやっておいてよかったことはありますか？

　演劇や漫才などで人前に立っていたことは、よかったです。緊張に対する慣れや度胸が身につきました。葬儀は故人にとって一度きりの失敗できないものなので、このころに身についた度胸は今の仕事で役に立っていると思います。

　部活もやっていてよかったです。切磋琢磨しながら仲間とがんばった経験は、社会人になっても活きていると感じます。意見がぶつかっても話し合って解決する、という人間関係の勉強の場でもありました。

Q 中学のときの職場体験は、どこへ行きましたか？

中学1年生のときに2日間、3～4人の同級生とファストフード店に行きました。行き先は、地域で協力してくれる職場のリストから選んで希望を出し、適性などを見て先生方が割りふる、というものでした。

1日目の前半に研修があり、それ以降は仕事を教わりながら接客と調理をさせてもらいました。ハンバーガーのつくり方やポテトのあげ方、塩のふり方などを習った記憶があります。

Q 職場体験ではどんな印象をもちましたか？

いそがしくて大変、という印象を強く受けました。ファストフードというだけあって、ひとつひとつの作業が速くておどろきました。混む時間帯は目のまわるようないそがしさでしたが、それ以外の時間にお客さんと話したり、商品を提供したりするのは楽しかったです。

自分では覚えておらず、親から最近聞いたのですが、職場体験の後しばらく私の将来の夢は「ファストフード店で働くこと」だったそうです。当時の自分にとってはそれくらい楽しい経験だったのだと思います。

Q この仕事を目指すなら、今、何をすればいいですか？

友だちや家族、先生など、とにかく多くの人と話をするといいです。そのときに、どんなことでもいいので相手が喜ぶ言葉を言ってみてください。遠足の日につくってもらったお弁当がおいしかったなど、小さなことで構いません。相手が喜ぶと、なぜか自分もうれしくなるはずです。それを知っていることは、大切だと思います。

私は子どものとき、喜ばせるつもりが言葉選びをまちがえて怒られてしまったことがあります。そのような経験をするうちに、言ってはいけないこと、やってはいけないことが身につきます。失敗をおそれず、挑戦してみてください。

心のこもった葬儀を行うことで、遺族に前向きになってもらう、そのためのお手伝いをします

ー 今できること ー

 ふだんの暮らし

葬儀に関わる仕事では、礼儀正しくふるまうことがとても大切です。礼儀の基本は「あいさつ」です。「おはよう」「また明日」「ただいま」など、ふだんから家族や友人にきちんとあいさつをすることを心がけましょう。

また、部活動など、チームで取り組む活動に参加することも礼儀を身につけるよい機会になります。仲間と声をかけあったり、活動に使った場所や道具をきれいにしたりして、まわりの人が心地よくいられることを意識しながら取り組んでみてください。

 礼儀正しいふるまいで遺族の信頼を得ることが大切です。場の状況や相手のようすに応じて話すとともに、敬語を適切に使えるようにしましょう。

 葬儀のプランを考える上で、宗教上のしきたりや地域社会の特色をくみ取ることも大切です。地理や歴史で、地域の風習や慣習、文化への理解を深めましょう。

 故人の人生に寄りそった葬儀づくりができるように、アンテナを張ってさまざまな美術作品を鑑賞し、作品のよさや美しさを味わう力を養いましょう。

 心身に負担がかかる場合もあるので、食事や睡眠に関する習慣など健康維持のためになることを学びましょう。

File No.290

和菓子店の店長
Japanese Sweets Store Manager

青木屋
小林鮎子さん
入社19年目 37歳

お祝い事などの
みなさんのとくべつな
日に、和菓子でいろどりを
そえます

日本では昔から、成長を祝う儀礼や結婚祝い、お葬式などの人生の節目で和菓子が食べられてきました。これらの冠婚葬祭に、和菓子がどのように役立っているのでしょうか？　老舗の和菓子店である青木屋で店長をしている小林鮎子さんに、お話を聞きました。

Q 和菓子店の店長とはどんな仕事ですか？

　私は、明治時代から続く和菓子店、「青木屋」の店長をつとめています。東京都内で十数店展開しているうちの、3つの店の店長を兼任しています。

　和菓子は、春の桜餅や端午の節句のかしわ餅、お彼岸のおはぎなど、季節の行事と結びついて人々の暮らしにとけこんでいます。「この時期に1回は桜餅を食べたい」と、毎年必ずお買い求めいただけるお客さまもいらっしゃいます。

　また青木屋では、一升餅※用のお餅や、冠婚葬祭をはじめとした人生の節目のお祝いに贈られるお赤飯・紅白饅頭などの注文も受けています。小・中学校の卒業式で卒業生に配るための紅白饅頭や、会社の創業記念日などに関係者に配るための和菓子の注文もあります。

　冠婚葬祭用の和菓子は、どんなものを相手に贈ったらよいかとお客さまに相談されることも多いですが、行事や祭礼の意味を理解していないと、適切な商品をおすすめできません。青木屋では、入社後の研修でそれらを学んでいます。

　私のいちばん大切な仕事は、店員が働きやすい環境を整えることです。そのことがお客さまへのよりよいサービスの提供につながるからです。店員の希望を聞いて勤務予定表を作成したり、仕事上の悩み相談にのったりするほか、魅力的な商品の並べ方を考えることや、店舗での接客も行います。

　私は地域の数店舗をまとめてサポートするエリアマネージャーも兼任しているため、ほかの店の店長の相談にのったり、若手社員を教育したりする仕事もまかされています。

小林さんのある1日

08:45	出勤。開店の準備をする
09:30	開店。午前中は接客と並行して、自社工場からの商品の入荷チェックと品出し
12:00	ランチ
13:00	接客をするかたわら、品出し、入荷チェック、商品準備をする
15:00	工場へ商品を発注する
16:00	翌日の準備
18:00	閉店準備（レジ精算、清掃など）
19:00	閉店、退勤

豆や餅米を使ってお菓子をつくる和菓子店は、赤飯も得意だ。

おもなライフイベントと和菓子

● 1歳のお祝い（一升餅）
子どもが1歳になったお祝いのイベント。一升餅を背負わせ、健康で丈夫な子に育つように、一生食べ物に困らないようにという願いをこめる。

● 七五三、入学・卒業祝い、成人式
子どもの成長段階で訪れるそれぞれのイベントで、紅白饅頭などのお菓子が贈られる。学校や自治体が配ることも多い。赤飯で祝うこともある。

● 結婚祝い、出産祝いなど
結婚や出産などのお祝いでも、赤飯やお菓子を贈る。ほかにも、就職祝い、快気祝い（病気が治ったお祝い）、新築祝い、開店祝いなどがある。

● 長寿のお祝い
還暦（60歳）、古希（70歳）、喜寿（77歳）、傘寿（80歳）、米寿（88歳）、卒寿（90歳）、白寿（99歳）、百寿（100歳）の節目に、赤飯やお菓子で祝う。

● 弔事用の和菓子
お葬式や故人をしのぶ法事で、参列者に和菓子を贈る。香典（葬儀に参列する際に持参するお金）のお返しに和菓子を贈ることもある。

● 季節の和菓子
端午の節句（5月5日）に食べるかしわ餅、9月のお彼岸に食べるおはぎ、秋のお月見団子などがある。

用語　※一升餅 ⇒ 日本の伝統行事で、1歳の誕生日をむかえた子どもに一升（1.8kg）分の餅米でつくった餅を背負わせる。

仕事の魅力

Q どんなところがやりがいなのですか？

お客さまのお祝い事に関わっていると実感するときに、やりがいを感じます。一升餅の注文に来られたあるお客さまが、「自分が1歳のときにも、この店のお餅でお祝いしてもらった」と話してくださいました。当時の写真が残っていたということで、自分にも子どもが生まれて一升餅でお祝いをするなら同じお店で注文したい、と思ってくれていたのだそうです。

お祝い用だけでなく、幼いころから好きだからと、ふだんのおやつを買いに来られる方もいます。私たちのお菓子がだれかの生活をいろどっていると思うと、うれしくなります。

開店後も、必要に応じて品出しをする。店長として店員に必要な指示を出す。

お客さまへの応対の仕方について、店員から相談を受けた。

「母の還暦祝いに、何がよいですか？」というお客さまの相談にのる小林さん。

Q 仕事をする上で、大事にしていることは何ですか？

職場のよい雰囲気をつくることを大切にしています。たとえ体調が悪かったり、いやなことがあったりしたとしても、いつも元気で笑顔でいるようにしています。店員に「今は話しかけない方がいいかも」などとよけいな気をつかわせず、接客に専念してほしいと思うからです。

青木屋では、店員のほとんどがパートタイムで働く女性です。彼女たちの働きがあってこそお店の営業ができるので、入社して最初に先輩に教わった「ともに働く人たちが楽しく働けるようにする」ことを、とくに大事にしています。

Q なぜこの仕事を目指したのですか？

高校生のときにホームセンターでアルバイトをして、接客の楽しさを知ったからです。お客さまが探している商品をいっしょに店内を歩いて探して、お渡ししたときに「ありがとう」と言ってもらえるのがとてもうれしかったんです。高校3年生になって就職を考える際には、接客業の就職先を探しました。そのなかで、子どものときから和菓子が好きだったので青木屋を希望しました。

応募前に青木屋の工場を見学したとき、饅頭をつくる最後の工程で人が焼き印を押しているのを見て、機械でつくるお菓子でもきちんと人の手が加わっているのがいいな、と感じたことが決め手になりました。

用語 ※ 生産管理 ⇒ 製造する商品の数や納期を決め、その計画に沿って原材料の手配や人員の配置を行う仕事。状況に応じて工程を変更するなど、工場の全体を見て指示をすることもふくまれる。

Q 今までにどんな仕事をしましたか？

入社後、2年ほどはいくつかの店舗で販売員として働きました。その後、工場の生産管理※の部署、事務作業を行う部署などいろいろな業務を経験しました。

数年前に、新入社員用の研修に使う業務マニュアルの作成をまかされたのが私にとって大きな仕事でした。それまで社内で使っていたマニュアルの内容が時代に合わなくなったので、日本の行事と祭礼について調べ、一からつくり直したんです。例えば、葬儀後の初七日と四十九日※などのしきたりについても、項目に入れました。マニュアル作成は大変な仕事でしたが、自分でも勉強になりました。

「商品をお客さまに手渡すときは、消費期限や賞味期限をお伝えするようにしています」

Q この仕事をするには、どんな力が必要ですか？

想像する力と聞き出す力です。お客さまは要望をすべて伝えてくれるわけではないので、本当に相手が言いたいことを想像しながら接客します。例えば、贈る相手の方に長く楽しんでもらえるように日もちがする商品を希望される場合、人によって1週間や1か月など、日もちの基準がちがいます。自分の基準で考えるのではなく、さりげない会話からお客さまの考える「日もち」を聞き出すことが大切です。

これはスタッフに対しても同じです。不満や悩みを言い出せない人もいるので、今困っていることはないか態度や表情から想像し、必要に応じて聞き出すことが必要です。

「店舗にある厨房で仕上げを行う商品もある。「焼き大福餅は、毎朝、店で焼き上げます」

Q 仕事をする上で、難しいと感じる部分はどこですか？

いろいろな考え方の人がいるので、社内でもお客さま相手でもわかり合えないことがときどきあり、難しいなと感じます。例えば、青木屋の商品は食品なので、お客さまの都合での返品はできません。短い時間でもいちど店を出たら、保存状態の責任がとれないためです。けれども先日、お店を出て少ししてから「やっぱりいらなくなった」と返品しにもどって来られた方がいました。いくら説明しても納得してもらえず、結局は強く断るしかなかったのですが、どう言えばよかっただろうとしばらく悩みました。

そんなときは、退勤後に会社とは関係のない昔からの友人と「おたがいに大変だね」とおしゃべりします。そのようにして、正解のないことについては気分を変えるようにします。

・ハンドクリーム・

・ユニホーム・

PICKUP ITEM

青木屋の店舗では指定の緑色のエプロンと黒の帽子を身につける。食べ物をあつかう店では清潔感が大事な要素だ。パッケージや包装紙をたくさんさわり、手が荒れがちなので、ハンドクリームも必需品。

用語 ※初七日と四十九日 ⇒ 初七日は故人が亡くなって7日目に、故人の魂が道に迷わないことを願って営まれる法要。四十九日は49日目に故人の極楽往生を願って行われる法要。喪に服した遺族が日常生活にもどる日という側面もある。

毎日の生活と将来

Q 休みの日には何をしていますか？

友人と出かけたり、映画を観に行ったりします。社会人になると、学生のころのようにはひんぱんに友だちと会えないので、せっかく会うときには思いきって、うなぎやしゃぶしゃぶなどちょっとぜいたくなお店で食事をします。会う前にお店を探して相談する時間も楽しいですね。

ひとりで出かけることも好きなので、近くの映画館まで散歩をして、映画鑑賞をして帰るということも多いです。

「B'zのライブに行きました。最高のライブでした！」（左が小林さん）

「友人と、ホテルのスイートルームでアフタヌーンティーを楽しみました。おいしいケーキをたくさんいただき、大満足でした。右が私です」

Q ふだんの生活で気をつけていることはありますか？

つねに季節に敏感でいるように心がけています。季節やお祝いの行事は、1月の成人式、3月の雛祭り、4月の入園・入学、5月の端午の節句、と次から次へとやってきて、そのたびに行事にちなんだ商品が出ます。それに合わせて店内を飾ったり商品を並べたりしなければいけないので、街を歩いていてもほかのお店の飾りや季節商品が気になります。

店内装飾や商品陳列をずっと自分だけでやっていると、無意識に自分好みの飾り方や並べ方になり、お店の印象がいつも同じになって飽きられてしまうかもしれません。食品をあつかう店に限らず、ほかのお店の観察は勉強になります。

小林さんのある1週間

時間	月	火	水	木	金	土	日
05:00	睡眠	睡眠		睡眠	睡眠		睡眠
07:00	朝食・準備	朝食・準備		朝食・準備	朝食・準備		朝食・準備
09:00	事務所出勤・朝礼 ミーティング1 ミーティング2	事務所出勤・朝礼 DXプロジェクト会議	休み	店舗Aへ出勤開店準備 接客・メールチェック・納品チェックなど	店舗Bへ出勤、開店準備 接客・メールチェック・納品チェックなど	休み	店舗Aへ出勤開店準備 接客・メールチェック・納品チェックなど
11:00	ランチ	ランチ		ランチ			ランチ
13:00	若手社員の研修会	DXプロジェクト会議		接客・清掃	ランチ、移動		接客・清掃・金庫チェック・発注・品出し・翌日準備など
15:00	コンサルティング研修	事務処理		金庫チェック・発注・品出し・翌日準備など	店舗Aで接客・清掃・金庫チェック・発注・品出し		
17:00	店長会議	退勤		閉店・かたづけ・退勤	閉店・かたづけ、退勤		閉店・かたづけ ショーケース入れかえ作業
19:00	退勤 夕食	夕食					退勤
21:00				夕食	夕食		夕食
03:00	睡眠	睡眠		睡眠	睡眠		睡眠

この週は、週の前半は事務所へ出勤し、会議や研修会に参加した。週の後半はふたつの店舗を行き来して店舗業務を行った。

用語 ※DX ⇒ デジタルトランスフォーメーションの略。デジタル化によって社会や生活のかたちを変えようとする取り組みのこと。

Q 将来のために、今努力していることはありますか？

　私は、未来に何があるかはわからないという思いを強くもっています。そのため、将来のことをあまり考えないんです。5年後、10年後に向けて準備をしても、そのときになったら状況が変わっているかもしれないと考えると、すぐ先の明日のことに全力を注ぎたくなりますね。

　将来の夢として、いつかひとり旅に挑戦したいと思っています。休日にも仕事のことを考えてしまいがちなので、スマートフォンの電源を切って連絡がつかないようにして、どこかの島でのんびりしてみたいです。

青木屋の新店舗の前で。「開店して数か月がたち、やっと落ち着きました。たくさんのお客さまに来てほしいです」

"店内仕上げの限定メニュー"として提供するお菓子の名前を、黒板に書き出す。「コーヒーもお出ししています。息抜きにどうぞ！」

Q これからどんな仕事をし、どのように暮らしたいですか？

　だれかの役に立つ仕事をしていたいです。お客さまに商品のご案内をした結果、納得して購入していただけたり、私がつくったマニュアルが接客で役立ったと言ってもらえたりすると、とてもうれしいですね。小さなことでよいので、これからもだれかの役に立つ存在でありたいです。

　青木屋の将来像としては、もっとお店が増えて、だれもが知る和菓子店になったらよいなと思います。ただ、人手が不足気味なので、バランスのとれたお店の増え方になるとさらによいですね。

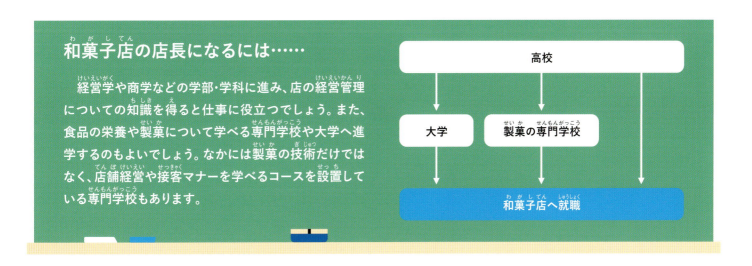

和菓子店の店長になるには……

　経営学や商学などの学部・学科に進み、店の経営管理についての知識を得ると仕事に役立つでしょう。また、食品の栄養や製菓について学べる専門学校や大学へ進学するのもよいでしょう。なかには製菓の技術だけではなく、店舗経営や接客マナーを学べるコースを設置している専門学校もあります。

高校 → 大学 / 製菓の専門学校 → 和菓子店へ就職

子どものころ

Q 小学生・中学生のとき、どんな子どもでしたか？

洋菓子よりも桜餅やおはぎが好きでした。スーパーで売られているパック入りの和菓子を、よく買ってもらっていましたね。餅の食感とあんこが好きだったように思います。

また、小学生のときは本を読むのが好きで、図書室でアガサ・クリスティの推理小説を読んでいました。外で遊ぶことも大好きで、放課後に友だちと集まって公園を走りまわっていましたね。高学年のときに缶けりが学校内で流行して、ずっとやっていた記憶があります。

中学校ではバスケットボール部に入りました。部活ばかりの日々で、夏休みも毎日体育館で練習していました。3年生の最後の夏の大会で、これに勝てば地区のベスト8というところまで行ったのですが、そのときの対戦相手が女子バスケの強豪校で、そこで負けてしまいました。でも、チーム一丸となって目標に向かって取り組んだことはよい思い出で、部活で学んだ協調性や積極性は今に活きていると感じます。そのほか、運動会や合唱コンクールにも積極的に参加しました。とくに2年生の合唱コンクールでは実行委員をしたこともあり、心に残っています。

勉強面では、得意科目は国語と英語で、苦手だったのは数学です。数学をやりたくなかったこともあり、高校では外国語コースに進みました。

小林さんの夢ルート

小学校 ▶ マンガ家
絵を描くことが好きだった。
▼
中学校 ▶ 獣医師
動物が好きだったので獣医師にあこがれたが、医療系のドラマで手術シーンを観て、自分にはできないと思った。
▼
高校 ▶ トリマー、接客の仕事
獣医師は無理だがトリマーにならなれると思い、トリマーの専門学校を見学した。ホームセンターでのアルバイトが楽しくなり、接客業への就職を希望した。

中学の卒業アルバムにのっている小林さん。高校は、普通科の外国語コースへ進学した。

「中学のとき、クラスで演劇をした。劇中の一場面。」

「バスケットボール部での私です。部活はとても楽しかったです」

Q 子どものころにやっておいてよかったことはありますか？

バスケットボール部の活動です。社会人になってからも大切な、先輩に敬意をもつ、先輩よりも先に動く、ということを学び、あいさつの習慣が自然と身につきました。また、応援や試合中の声かけなどで、大きな声を出すことにも慣れていました。お店で最初から恥ずかしがらずに「いらっしゃいませ」と言えたのも、部活のおかげだったと思います。若い店員を見ていても、運動部を経験した人は、大きな声が出ていると感じます。

Q 中学のときの職場体験は、どこへ行きましたか？

私の学年は、キャリア教育が始まる前だったので職場体験には行っていません。大人が働いている場所の裏側を見たのは、幼いころに、母が働いていたスーパーの従業員専用エリアに何度か入れてもらったときと、小学生のときの社会科見学くらいだと思います。

母子家庭だったので、早く働いて親の負担を減らしたいと思っていました。中学生のころから「高校生になったらすぐにアルバイトをしよう」と決めていました。

Q この仕事を目指すなら、今、何をすればいいですか？

季節ごとの行事に密接に関わる仕事なので、季節の移り変わりやイベントに興味をもって過ごし、その意味や成り立ちなどを知っておくとよいと思います。

また、あいさつと字の美しさは仕事をする上での信頼につながるので、身につけておくと役立ちます。現代はパソコンで仕事をすることが多く、人に字を見せることはあまりありません。でも、この仕事では「のし紙※」を書く必要があります。印刷で対応する場合もありますが、文字の確認のためにお客さまの前で字を書くことも多いので、きれいな字が書けると仕事がしやすいです。

Q アルバイトではどんな体験をしましたか？

高校に入学後、すぐにホームセンターでアルバイトを始めました。お客さまの問い合わせを受けるサービスカウンターを担当したり、後輩のアルバイトの指導係をしたりと、いろいろな仕事を経験させてもらいました。経験してまず感じたのは、「働くって楽しい」ということでした。高校では部活に入らず、週5日アルバイトをしました。

結局、和菓子店というちがう業種に就職しましたが、このアルバイトが接客業に目覚めたきっかけなので、重要な経験でした。

おいしい和菓子を準備して、季節の行事やライフイベントを楽しむお手伝いをします

－今できること－

ふだんの暮らし

季節のイベントの時期が近づくと、和菓子店やスーパーの棚にイベントに合ったお菓子や食べ物が並べられます。どのイベントに、どんな和菓子や食べ物が食べられるのかを観察しましょう。それらがなぜその時期に登場するのか、本や新聞を読んで調べたり、まわりの人に聞いてみたりしましょう。

また、さまざまな人と関わり合えるように、部活動や委員会、文化祭や体育祭などの実行委員の活動に積極的に取り組むことをおすすめします。

 国語 相手や場に応じた言葉づかいができるようにしましょう。接客や、店員の悩みを聞く場面で役立ちます。物語を読み、さまざまな立場の人の心情を理解しましょう。

 社会 ライフイベントに適した和菓子を提案できるように、日本の歴史や受けつがれている文化に関心をもちましょう。

 美術 和菓子は、見た目の美しさでイベントをはなやかにします。効果的なディスプレーを考えるために、色彩や造形について学びましょう。

 家庭科 調理実習を通じて、食品には「賞味・消費期限」があることや、食品の保存に適した環境があることを学び、食品や調理用具を適切に管理できるようにしましょう。

用語 ※のし紙 ⇒ 贈答品にそえる紙で、「御祝」「寿」など贈り物の目的と贈り主の名前が書かれる。

File No.291

フローリスト
Florist

日比谷花壇
薄田 樹さん
入社5年目 27歳

人から人へ
想いをこめて贈られる
花や植物をお世話し、
デザインします

お祝いごとや葬儀には、花が欠かせません。さまざまなライフイベントで人から人へ贈られる花束や植物を、注文に応じて美しく整え、提供する仕事があります。日比谷花壇でフローリストとして働く薄田樹さんにお話を聞きました。

Q フローリストとはどんな仕事ですか？

　フローリストとは店舗で花を売る仕事のことです。ほかにも花束をつくったり、器に花を生けていくフラワーアレンジメントをつくったりもします。花は、母の日や誕生日、記念日、送別会などの機会にお祝いや感謝の気持ちをこめて贈られることもありますし、結婚式やお祝いのパーティー、葬儀などの場所を飾ることもあります。プロポーズをするために花束を注文する人もいます。

　私は「日比谷花壇」という花き店（花屋）のスタッフとして、商品となる花の発注から、店頭での管理、接客、配送まで、はば広く担当しています。なかでもとくに重要な仕事は、店頭での花の管理です。市場から仕入れたばかりの花には、不要な葉っぱがついています。種類によってはバラのようにトゲがある花もあります。それらをひとつひとつ取り除いて整えたり、きれいにした花をお客さんが見やすいように並べたりするのです。もちろん水の取りかえも毎日行い、花にとっていちばんよい状態が少しでも長く保たれるように調節しています。

　花には、見る人の心を動かす力があります。そのすばらしい力を花束やフラワーアレンジメントでさらに引き出し、輝かせるのがフローリストの仕事です。そして、人々の人生の大切な一場面を演出するのが自分の役目だと思っています。そのために、花束やフラワーアレンジメントをつくるときは、花選びやデザインについてご提案をしながら、お客さんの希望をできる限り叶えるものを制作しています。

薄田さんのある1日

- 09:00　出社。メールとその日の花束やフラワーアレンジメントの予約を確認。店頭を掃除して花を並べる
- 10:00　開店。花の管理、接客、花束制作
- 12:00　ランチ
- 13:00　フラワーアレンジメント制作
- 16:00　パーティーを企画している会社への提案書、見積書を作成
- 17:00　事務作業（花の発注、請求処理、遅番スタッフへの引きつぎ）
- 18:00　退社

「薄田さんが制作したフラワーアレンジメント。『お祝い用なので、はなやかに』という注文を受けてつくりました」

薄田さんのいろいろな仕事

● 花の管理
仕入れた花を整える。切り花は長さをそろえて不要な枝葉を取り除き、お客さんや贈られた人が見るときにもっとも美しい状態にする。それから店頭に並べ、鉢植え商品には水をやる。日比谷花壇の花は大きさやかたちが良質で、花もちもよい。

● 接客
来店したお客さんの場合は、希望の植物や花束について話を聞き、提案する。また、日比谷花壇には長年の常連客も多い。そのようなお客さんに電話をし、入荷した商品の案内をすることもある。

● フラワーデザイン
お客さんが希望した花束やフラワーアレンジメントを制作する。あらかじめつくって店頭に置いておく場合もある。結婚式や葬儀、企業のイベントなどに提供する商品も制作する。

● 事務
店に並べる花を発注する。またイベントを行う企業へ向けて、飾る花やブーケ、コサージュの提案書を書く。費用を伝えるための見積書も作成する。

● 配達
鉢植えや花束、フラワーアレンジメントの注文先へ、車で配達する。安全に気を配りながら、花がいたまないよう、急いで配達する。

仕事の魅力

Q どんなところがやりがいなのですか？

　自分がつくった花束やフラワーアレンジメントが、人と人とをつなぐ役割をしたと感じられたとき、喜びとやりがいを実感します。

　以前、お友だちに贈る誕生日のプレゼント用に花束を購入してくださったお客さんが、後日、「とっても喜んでくれたよ」と、うれしそうに報告しに来てくれたことがあります。お客さんの笑顔を見られただけでなく、相手の方の喜ぶようすまで知ることができ、幸せな気持ちになりました。こうした経験の積み重ねが、仕事へのやる気につながっています。

Q なぜこの仕事を目指したのですか？

　中学生のころから、花には、花を手にする人や置いた場所を輝かせる名脇役としての魅力があると感じていました。花束を贈られた人は自然と笑顔になりますし、入学式や結婚式などに花が飾られていれば、会場全体がお祝いムードになります。主役ではなくてもその場の雰囲気をつくり出せるところに、ぼくはずっと惹かれてきました。

　大学は食品生命学科に進み、食品の匂いが人間にあたえる作用について学びました。そのなかで野菜や果物、ハーブといった植物の香りに興味をもつようになり、植物全般に興味が広がりました。植物がもたらすよい影響を人のために活かしたいと考えるようになったのは、そのころからです。日比谷花壇でなら、やりたい仕事ができると思いました。

Q 仕事をする上で、大事にしていることは何ですか？

　お客さんの言葉を丁寧に聞くことです。例えば「かっこいい花束」と言っても、人によってイメージする「かっこいい」はちがいます。つくった花束が「思っていたのとはちがう」とお客さんに言われることがあるんです。今はインターネットで、お客さんと対面せずに注文を受けることが増えました。けれども、イメージを確認する必要があると判断したときは必ず電話をかけ、直接話を聞くようにしています。

　また、店頭にいるときは、つねに花のことをいちばんに考えて行動します。冬の寒い時期でも、花のために冷たい場所で作業することはよくあります。

Q 今までにどんな仕事をしましたか？

　最初に配属されたのは、法人営業という部署でした。「取引先の会社にお祝いの花を贈りたい」とか、「イベント会場を花で飾ってほしい」といった企業からの依頼を受ける仕事です。ぼくはおもに、過去に注文してくれたことのある会社に対する営業を担当していました。

　当時の仕事で印象に残っているのは、ある企業の記念式典で使われる造花のコサージュを、手づくりで500個用意したときのことです。提案から納品までを数人で行ったので、とても大変でしたが、よい経験になりました。

午前10時。仕入れた花の下準備を終えて、開店中の看板を出す。

お客さんを待ちながら、店内の植物の世話をする。「ジョウロで水をやる植物もあれば、霧吹きで水を吹きかける植物もあります」

お客さんに、知り合いのお店の開店祝いの花束について相談された。「今の時期にちょうどよい花がありますよ。ボリュームも出せます」と提案する薄田さん。

注文のあった退職祝い用の花束をつくる。「贈り先の方をイメージした花束にするため、花選びから丁寧に行います」

Q この仕事をするには、どんな力が必要ですか？

人と話をするのが好きで、聞き上手であることが必要だと思います。なぜなら、どんなにきれいな花束をつくっても、お客さんの好みやイメージとちがったら喜んでもらえないからです。極端にいえば、たとえ花についての知識がまったくなくても、人に笑顔になってもらいたいという気持ちがあり、コミュニケーション能力がある人であれば、フローリストになれると思います。

そのほか、花をお客さんに届けることも仕事のひとつなので、地図が読めて車を運転できると職場で重宝されます。

Q 仕事をする上で、難しいと感じる部分はどこですか？

フローリストは、お客さんに商品を受け渡すタイミングで花がもっとも輝くように、花を管理しなければなりません。プレゼント用であれば、お客さんがいつ相手に花を渡すのかまで考えることも必要です。しかし、花は生きものなので、管理や予想はとても難しいと感じます。

そのため、ぼくはつねに花を観察することを心がけています。注意深く見守り、それぞれに適した世話をすることで、花が咲くタイミングや環境による変化などが、何となくわかるようになるからです。花という生きものをあつかうからには、花を優先して行動する「花ファースト」の精神が大切だと思っています。

・エプロン・

・はさみ類とシザーケース・

PICKUP ITEM

日比谷花壇の店舗で働くフローリストは、同じ黒のエプロンを身につける。水を運ぶなどの作業も多いので、下半身全体をおおうことのできる長めのエプロンだ。エプロンの上から、花の茎を切るのに使うはさみやナイフなどが入った革製のシザーケースをつける。

毎日の生活と将来

Q 休みの日には何をしていますか？

個人参加型のフットサルによく行きます。その日に集まった人たちで楽しむもので、メンバーは年齢も職業もばらばらです。初めて会う人もたくさんいますが、いっしょに汗を流した後は不思議と仲良くなります。ぼくの場合は、年上の人とサッカーの話題で盛り上がることが多いです。

また、音楽も好きで、ライブや音楽フェスにも行きます。家にいるときは好きなバンドの曲を聴いたり、ピアノを弾いたりして楽しんでいます。

「好きなバンドの演奏を聴きにライブハウスへ行きました。こじんまりとした場所で聴く音楽も好きです」

「フットサルをしているところです。初めて会う人ともいっしょに、楽しく体を動かしています」

Q ふだんの生活で気をつけていることはありますか？

気になることがあったら、その場ですぐに調べるようにしています。昔から物知りな人に対するあこがれがあり、いつのまにか習慣になりました。

とくにあこがれているのは、テレビやYouTubeなどで活躍している「Quizknock」のCEO※、伊沢拓司さんです。物事をよく知っているだけでなく、知識が豊富だからこそ出てくる例え話や言いまわしがおもしろくて好きなんです。話の意味がわからないとくやしくて、後で調べることもあります。

今はスマートフォンで何でもすぐに調べることができるので、便利だなと感じます。花や植物のことも、気になることがあれば仕事中でも活用し、検索しています。

薄田さんのある1週間

	月	火	水	木	金	土	日
05:00							
07:00	睡眠	睡眠		睡眠	市場にて買いつけ	睡眠	
09:00	朝食・準備・移動	ジム		朝食・準備・移動	店で花と植物の管理	朝食・準備・移動	
11:00	メール確認・開店 植物の管理・接客	準備・移動 メール・予約確認		メール確認・開店 植物の管理・接客	食事	結婚式場準備	
13:00	昼食	植物の管理や接客		昼食	ディスプレー	昼食	
15:00	花束制作	昼食		結婚式場のデザイン 打ち合わせ	帰宅	結婚式場準備	
17:00	提案書・見積書作成	配達	休み	花束制作	睡眠		休み
19:00	事務作業	事務作業		帰宅 夕食	夕食 移動	帰宅 移動	
21:00	帰宅 夕食	帰宅 夕食		趣味	フットサル	友人とご飯	
23:00	趣味	趣味			帰宅	帰宅	
01:00				睡眠			
03:00	睡眠	睡眠		睡眠	睡眠	睡眠	
05:00			移動				

月・火・木は朝から店へ行き、植物の管理や接客、事務作業をした。金曜日は早朝から市場での買いつけ、土曜日は式場の準備と、仕事の場所も内容もいろいろだ。

用語 ※ CEO ⇒「Chief Executive Officer」の略。企業の最高経営責任者。

Q 将来のために、今努力していることはありますか？

日本アロマ環境協会が行うアロマテラピー検定をはじめ、ハーブ検定や森林セラピストなど、植物の香りに関係する資格の勉強をしています。学生時代から興味のある分野ですし、仕事に役立てたいという思いと、植物に関することは何でも知っておきたいという探究心から、勉強を始めました。

花などの植物の香りが人間によい影響をもたらしてくれることは、科学的に証明されています。資格の勉強でもっとくわしくなって、香りや効果の面からも、お客さんによりよい提案ができるようになりたいです。

東京の日比谷公園の入り口にある日比谷花壇本店。75年以上の歴史をもつ会社で、建物にも格式の高さが感じられる。

「勉強のために本を読むこともありますが、オンライン講座もよく利用しています」

Q これからどんな仕事をし、どのように暮らしたいですか？

花というと女性的だと思う人もいるようで、花屋で花を買うことに抵抗感のある男性もいます。ぼくは同性として役に立てたらうれしいので、男性にもどんどん来てほしいですね。またこの仕事では、重いものを持ったり高所での作業もあったりするので、男性も活躍できる場だと思います。

ぼくは昔から、仕事の上で何かの強みをもった人になりたいと思ってきました。まかせれば安心、と思ってもらえるような何かのスペシャリストになりたいです。さらに花や大切な人に囲まれて、元気に過ごしていけたらうれしいです。

フローリストになるには……

植物に関する知識が求められるので、園芸学部や農学部、理学部など、植物について学べる学部へ進学するとよいでしょう。デザインや色彩感覚について学ぶために、デザイン・芸術系の大学や、フラワーデザイン・フラワービジネスの専門学校に進むことも進路のひとつです。在学中に「フラワー装飾技能士」などの資格の取得を目指して勉強する人も多いようです。

高校 → 大学 / 専門学校 → 園芸・植物の小売りを行う会社に就職

子どものころ

Q 小学生・中学生のとき、どんな子どもでしたか？

平日も休日もサッカーに打ちこむ毎日でした。授業が終わると走って家に帰り、サッカーに行く準備をするとすぐに自転車で練習場に向かっていましたね。

夢中になったきっかけは、2002年に開催されたサッカーの日韓ワールドカップでした。ぼくはそのとき4歳で、日本代表のレプリカのユニホームを着てタオルをふりまわしながら応援している動画が残っています。その後すぐに、サッカーのクラブチームに入れてもらい、小学校を卒業するまで所属しました。中学生になると別のクラブチームに移り、さらなるレベルアップを目指しました。

サッカー以外では、中学校の合唱コンクールで3年間ピアノ伴奏者をつとめたことが印象に残っています。小学生のころからサッカーの合間にピアノも習っていたので、先生や友だちから推薦されてつとめることになりました。1年生の合唱コンクールでは緊張して頭が真っ白になりましたが、2年生になると余裕が生まれ、3年生ともなると「歌声を伴奏でよりよく聴かせたい」という意識まで生まれました。自分自身も気持ちよく弾くことができ、よい経験だったと思います。3年生のときに弾いた合唱曲『信じる』は、忘れられない思い出の曲です。

薄田さんの夢ルート

小学校・中学校 ▶ サッカー選手
プロのサッカー選手にあこがれた。

高校 ▶ サッカー選手
変わらずサッカー選手を夢見ていたが、対戦したチームのレベルの高さにおどろき、選手への夢をしだいにあきらめた。

大学 ▶ 研究職
食品や植物の香りについて研究していたため、食品、化粧品、香料などのメーカーに就職して研究の仕事をしたいと思った。そのなかでも花屋に対しておしゃれでよいイメージをもった。

中学校の卒業アルバムにのっている薄田さん。「ピアノはいちどやめたのですが、弾いたら女子にもてるはずと自分に言い聞かせて、伴奏を引き受けました」

中学3年生のときの合唱コンクールで、ピアノ伴奏をする薄田さん。

「サッカーチームで使っていたユニホームです。サッカーに夢中でしたね」

Q 子どものころにやっておけばよかったことはありますか？

工場見学や職場体験などに、もっと積極的に取り組んでおけばよかったと思います。大学生になって就職活動が始まったとき、世の中にどのような職業があり、どのように経済が動いているのかわからなくて、本当に困ったからです。

反対に、サッカーの試合や合唱コンクールなどで緊張を強いられる経験を積めたのはよかったと思います。どんなときでも緊張感を楽しめる精神力が身についたからです。おかげで、初めての人と話すような場面でも緊張することがなくなり、仕事をする上でも活きています。

Q 中学のときの職場体験は、どこへ行きましたか？

1年生のときは、職業インタビューの課題が出され、サッカーのクラブチームでお世話になっていた監督に話を聞きにいきました。監督はお寺の住職もしている方だったので、両方の仕事の話を聞いた記憶があります。

職場体験は2年生のときにありました。近くのスーパーマーケットへ、仲のよい友だち5、6人で行ったと思います。期間は2日間で、品出しや袋づめのほか、惣菜づくりのお手伝いをさせてもらいました。

Q 職場体験ではどんな印象をもちましたか？

職業インタビューでは、率直に「大人って大変だな」と思いました。自分にとっては、サッカーを教えてくれる人だった監督が、練習試合を組むために相手チームの監督と交渉をするなど、自分の知らないところでさまざまな仕事をしていたことがわかったからです。

スーパーマーケットでは、「働くとはその道のプロになること」ということを身をもって知ることができました。てきぱきと働く店員さんを見て、これがプロなんだと感じたんです。体験後は、働く店員さんへの感謝の気持ちが深まりました。

Q この仕事を目指すなら、今、何をすればいいですか？

日常の風景のなかにある花に関心をもち、好きになってもらいたいです。そして興味が出てきたら花屋さんに足を運んでみるとよいと思います。ちょっとした花束でも買うことができれば、フローリストの仕事をより間近で見ることができ、親近感がわくはずです。

また、花をプレゼントするという体験も大切だと思います。喜んでくれる相手の姿を見たら、人がなぜ誕生日や卒業のお祝い、結婚式などに花を贈ってきたのかわかると思うからです。人生の大切な場面をかげながら手助けできるこの仕事のすばらしさを知ってもらい、ぜひ目指してほしいです。

花がもつ脇役ならではの魅力を、もっとみんなに知ってほしいです

－ 今できること －

ふだんの暮らし

図鑑を見てさまざまな種類の植物があることを知り、身近な植物を観察したり、植物園に出かけてみたりするとよいでしょう。記念日に、だれかのために花き店で花を選ぶのもよいでしょう。植物が人の生活にいろどりをあたえてくれることを、実感することが大事です。

部活動や委員会活動など、学校の花だんや畑で生徒が園芸活動を行う学校もあります。また、街の通りや公園にある花だんのお世話をするボランティア活動もあります。積極的に参加してみましょう。

 お客さんの希望をできるだけ正確に把握する必要があります。話し合いの授業では、自分と相手の考えの共通点やちがいを整理しながら、対話を行いましょう。

 植物の観察や呼吸、光合成に関する実験などを通して、植物の体のつくりと働きについての知識を深めましょう。

 美術作品の鑑賞や表現の授業を通じて、かたちや色彩、材料、光などの性質やそれらがもたらす印象を理解しましょう。花束などをつくるときに役立ちます。

 生物育成に関する授業で、植物の育成にふさわしい条件と育成環境を管理する方法を学びましょう。栽培計画を自分で作成して、植物の育成を行ってみましょう。

仕事のつながりがわかる
ライフイベントの仕事関連マップ

ここまで紹介したライフイベントの仕事が、それぞれどう関連しているのかを見てみましょう。

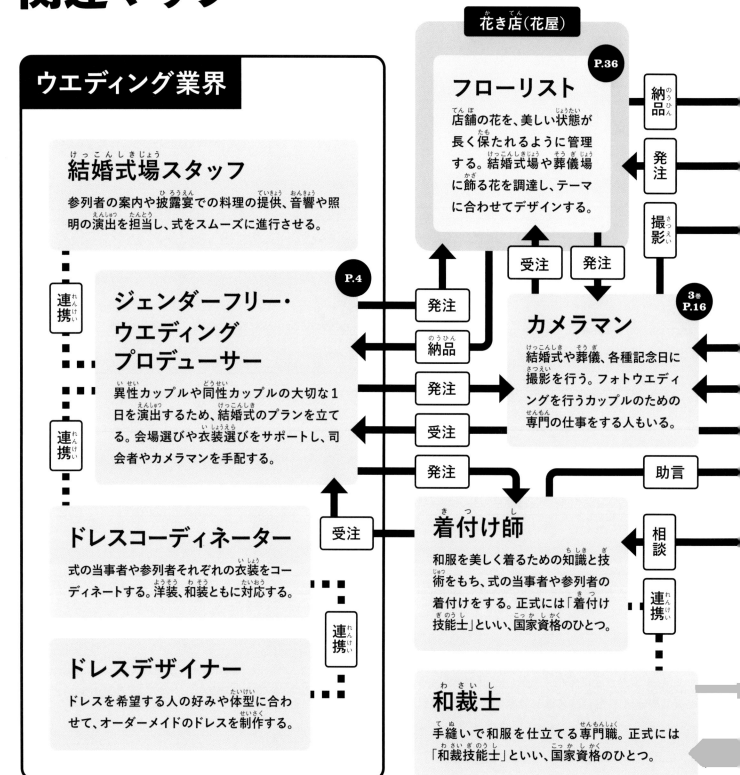

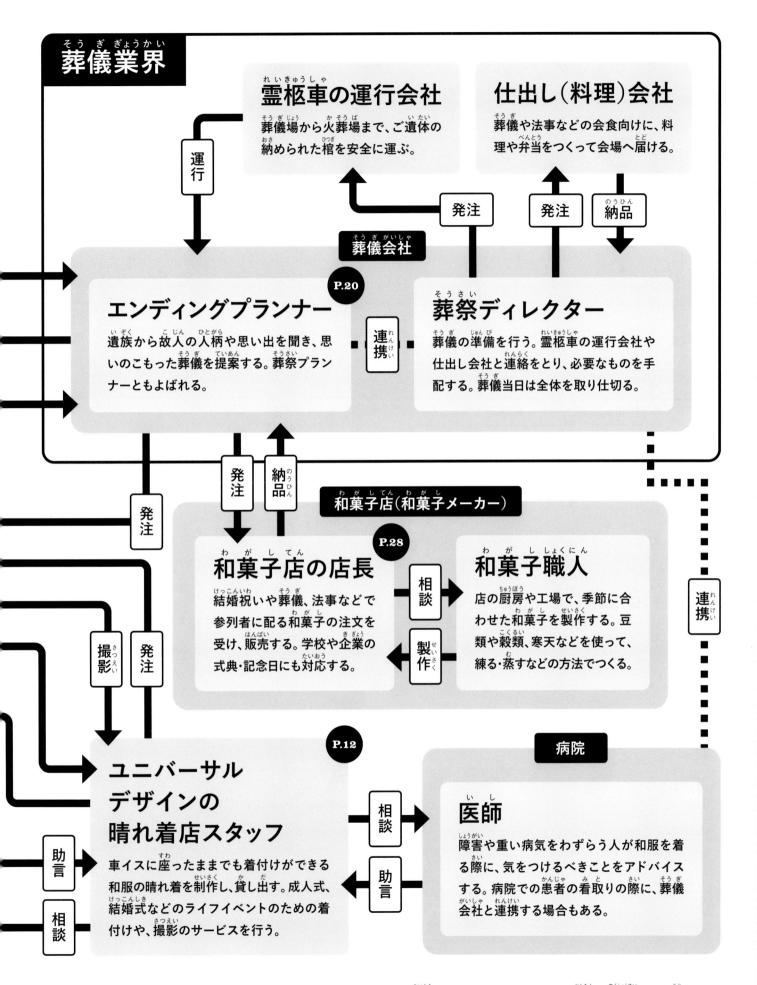

これからのキャリア教育に必要な視点 52
「慣習」をこえたライフイベントを創造する

▶ 変わる「冠婚葬祭」のあり方

　冠婚葬祭は、日本に古くから伝わる人の一生にまつわる行事のことです。奈良時代の男子の成人の儀式「元服」で冠をつけたことにちなみ、成人式など人生の節目にあたる祝い事を「冠」と表現します。「婚」は結婚、「葬」はお葬式です。法事やお盆、正月、七夕などは「祭」にあたります。これらを、この巻では「ライフイベント」とよんでいます。

　冠婚葬祭の目的は、人生の節目をみんなで共有し、確認することです。結婚は従来、本人どうしよりも「両家の結びつきを強めるもの」と考えられてきました。また、祭は先祖に尊敬と感謝の念を伝えるために行われてきました。このように、冠婚葬祭は「家」とのつながりを重視する日本独自の風習を色濃く表し、「しきたり」によって続けられてきたのです。しかし、時の流れによりこのあり方は変化しています。

　核家族や単身世帯が増えたことで、家どうしや地域のなかでの交流が少なくなりました。また近年では、結婚式や葬式を手間やお金をかけずに行いたいという人が増え、挙式をしないフォトウエディングや身内のみで行う家族葬を選ぶ人が多くなっています。また、日本に住む外国人が増えて、多様な文化や宗教が身近になっています。さらに、LGBTQ＋のカップルには結婚や葬儀に制約があることも、少しずつ知られるようになりました。

　このような社会の変化によって多様性が尊重されるようになり、伝統的な冠婚葬祭が疑問視されるようになっています。従来の価値観にあてはまらない人を取り残すことなく、多様なそれぞれの価値観に寄りそう方向へ、ライフイベントも変わらざるを得ない時期にきているといえます。

▶ これからのライフイベント

　変化が求められるもうひとつの理由は、人口減少です。単純にお客さんの数が減るので、これまで通りのライフイベントの仕事で同じ収入を得ることは難しいでしょう。この

増えている「沖縄リゾートウエディング」

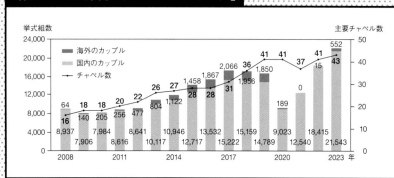

コロナ禍を経て、沖縄県内のチャペル（教会）やビーチで結婚のセレモニーを行う「沖縄リゾートウエディング」が人気。"沖縄を世界有数のリゾートウエディングの聖地に育てる"を目標に、沖縄のウエディング業界が協力して広報にはげんだ結果、2023年には国内外の2万組以上のカップルが実施した。内訳は、フォトウエディングが51.8％、チャペルでの挙式が46.4％と、フォトウエディングが上まわっている。

参考資料：沖縄県文化観光スポーツ部観光振興課「沖縄リゾートウエディング統計調査結果」

提供:株式会社バルーン工房　バルーン宇宙葬の会

葬儀の業界では、訃報のお知らせや弔電をスマートフォンやSNSでできるサービスや、遺骨や遺灰の一部をロケットで打ち上げる「宇宙葬」など、新しい形式の葬儀が次々と誕生している。写真は「バルーン宇宙散骨」のようす。バルーンは2時間後に、はるか上空の成層圏にまで到達する。

本に登場するジェンダーフリー・ウエディングプロデューサーは同性のカップルを、ユニバーサルデザインの晴れ着店スタッフは障害のある人や病気の人を、おもな対象にしています。これによって、今までライフイベントに参加しづらかった人にも、サービスの提供がされるようになりました。これらの例からわかるように、今後、お客さん自身がまだ自覚していない求めをすくい上げることができれば、革新的なサービスを生み出せる可能性があります。

ほかに身近な例では、節分に恵方巻を食べる習慣は発祥地である関西地方以外ではそれほど知られていませんでしたが、2000年代以降、全国に広まりました。今では地域ごとの食文化や歴史に合わせてアレンジが加えられ、すっかり定番の行事になっています。また、子どもたちが10歳をむかえる小学4年生で「2分の1成人式」を行っている学校もあります。これらの例でわかるように、世の中で求められているものを察知し、企画して、実行できれば、社会に新しい価値を提供することが可能になるでしょう。

▶ 学校内にもあるたくさんの儀式

学校でも昔から、入学式や卒業式などたくさんのライフイベントが行われています。これらはただの記念式典ではなく、大事な教育の一環としての催しです。例えば、入学式は新入生をお祝いする儀式と思うかもしれませんが、在校生に「自分より年下の、新しい学校の仲間が入ってきた」と意識させる場でもあるのです。

このように、子どもたちには「儀式」はなぜ必要か、ないとどうなるのかをいちど考えさせてみてほしいと思います。自分の成長やまわりにいる家族・仲間の存在、今までしてきたことの意味を確認するには「節目」が必要です。修学旅行やクラスの誕生日会も一種のライフイベントであり、必ず意味や目的があります。教師は、子どもたちに各行事の目的や「あったらいいなと思う記念式」を話し合わせてみるのもよいでしょう。今ある幸せに気づいて学校生活を豊かにしたり、クラスの絆を深めたりするきっかけになるはずです。

PROFILE
玉置 崇

岐阜聖徳学園大学教育学部教授。愛知県小牧市の小学校を皮切りに、愛知教育大学附属名古屋中学校や小牧市立小牧中学校管理職、愛知県教育委員会海部教育事務所所長、小牧中学校校長などを経て、2015年4月から現職。数学の授業名人として知られる一方、ICT活用の分野でも手腕を発揮し、小牧市の情報環境を整備するとともに、教育システムの開発にも関わる。文部科学省「校務におけるICT活用促進事業」事業検討委員会座長をつとめる。

構成／酒井理恵

さくいん

あ

iＦ DESIGN AWARD …………………… 17

遺産相続（いさんそうぞく） …………………… 21、22

衣装合わせ（いしょうあわせ） …………………… 5、8

遺族（いぞく） ……………… 21、22、23、25、27、31、45

一升餅（いっしょうもち） …………………… 29、30

遺品整理（いひんせいり） …………………… 21、22

ウエディング ……………… 4、5、6、9、10、44、46

エンディングプランナー ……… 20、21、22、23、25、45

か

カメラマン ………………… 5、8、9、15、44

冠婚葬祭（かんこんそうさい） ………………… 22、28、29、46

着付け（きつけ） ……………… 6、12、13、14、15、44、45

着付け師（きつけし） …………………… 15、44

行事 ……………… 11、19、26、29、31、32、35、46、47

結婚祝い（けっこんいわい） ………………… 28、29、45

結婚式（けっこんしき） …… 4、5、6、7、8、9、11、12、13、14、22、37、38、
43、44、45、46

結婚式場（けっこんしきじょう） ………………… 5、6、9、22、44

香典（こうでん） …………………… 29

告別式（こくべつしき） ………………… 21、23、24

さ

CEO（シーイーオー） …………………… 40

ジェンダーフリー・ウエディングプロデューサー …… 4、5、
9、44、47

四十九日（しじゅうくにち） …………………… 22、31

七五三 …………………… 29

出産祝い …………………… 29

職場体験（しょくばたいけん） ……… 11、19、27、35、42、43

初七日（しょなのか） …………………… 22、31

生産管理 …………………… 30、31

成人式 ……… 12、13、14、29、32、45、46、47

性的指向（せいてきしこう） …………………… 6

性別適合手術（せいべつてきごうしゅじゅつ） …………………… 5

赤飯 …………………… 29

葬儀（そうぎ） ……… 20、21、22、23、25、26、27、29、31、
36、37、44、45、46、47

葬儀場（そうぎじょう） ……………… 21、22、44、45

葬祭ディレクター（そうさい） ……………… 21、22、45

葬祭プランナー（そうさい） ……………… 20、25、45

た

端午の節句（たんごのせっく） …………………… 29、32

長寿のお祝い（ちょうじゅ） …………………… 29

通夜（つや） …………………… 21、24

ＤＸ（ディーエックス） …………………… 32

な

入学・卒業祝い …………………… 29

のし紙 …………………… 35

は

花束 ……………… 36、37、38、39、43

晴れ着 ……………… 12、13、14、17、45

雛祭り（ひなまつり） …………………… 32

フォトウエディング ………… 4、5、11、44、46

フラワーアレンジメント ………… 37、38

フラワーデザイン …………… 5、37、41

フローリスト ……… 36、37、39、41、43、44

や

ユニバーサルデザイン ………… 12、13、17

ユニバーサルデザインの晴れ着店スタッフ …… 12、13、17、
45、47

わ

和菓子（わがし） ……… 28、29、30、33、34、35、45

和菓子店の店長（わがしてん） ……… 28、29、33、45

和裁士（わさいし） …………………… 13、15、44

【取材協力】

keuzes wedding by HAKU　https://wedding.keuzes.co.jp/
株式会社明日櫻　https://asusakura.jp/
むすびす株式会社　https://www.musubisu-osoushiki.jp/
株式会社青木屋　https://aokiya.net/
株式会社日比谷花壇　https://hibiyakadan-honten.jp/

【写真協力】

株式会社バルーン工房　バルーン宇宙葬の会　p47

【解説】

玉置 崇（岐阜聖徳学園大学教育学部教授）　p46-47

【装丁・本文デザイン】

アートディレクション／尾原史和（BOOTLEG）
デザイン／坂井 晃・角田晴彦（BOOTLEG）

【撮影】

平井伸造

【執筆】

安部優薫　p4-19
酒井理恵　p20-27
和田全代　p28-35
山本美佳　p36-43

【イラスト】

フジサワミカ

【企画・編集】

佐藤美由紀・山岸都芳（小峰書店）
常松心平・鬼塚夏海（303BOOKS）

キャリア教育に活きる！
仕事ファイル52
ライフイベントの仕事

2025年4月6日　第1刷発行

編　著　小峰書店編集部
発行者　小峰広一郎
発行所　株式会社小峰書店
　　　　〒162-0066　東京都新宿区市谷台町4-15
　　　　TEL 03-3357-3521　FAX 03-3357-1027
　　　　https://www.komineshoten.co.jp/
印　刷　株式会社精興社
製　本　株式会社松岳社

©2025 Komineshoten　Printed in Japan
NDC 366　48p　29×23cm
ISBN978-4-338-37305-0

乱丁・落丁本はお取り替えいたします。
本書の無断での複写（コピー）、上演、放送等の二次利用、翻案等は、著作権法上の例外を除き禁じられています。本書の電子データ化などの無断複製は著作権法上の例外を除き禁じられています。代行業者等の第三者による本書の電子的複製も認められておりません。

第7期 全5巻

㊳ ライフラインの仕事
原油調達オペレーター、鉄道保線員
送電用鉄塔工事の現場監督
エネルギープラントのプロジェクトエンジニア
ネットワークインフラエンジニア

㊴ デザインの仕事
近距離モビリティ設計者、公共トイレの設計者
WEBグラフィックデザイナー、ランドスケープデザイナー
コミュニティデザイナー

㊵ ケアの仕事
アスリート専門のスリープトレーナー
トリマー、柔道整復師専任教員、助産師
大人用紙おむつアドバイザー

㊶ 子どもの仕事
アトラクション製品メーカーの営業担当
栄養教諭、玩具の試作開発者
助産師ユーチューバー、児童心理司

㊷ 起業家の仕事
食用バラの6次産業化経営
スタートアップ企業の経営
仕事と住居問題を解決するソーシャルビジネス運営
ファッションブランド経営、授業開発者

第8期 全5巻

㊸ 動画の仕事
料理動画クリエイター、映像監督
映像制作用カメラ企画スタッフ
クリエイティビティ・エバンジェリスト
配信用映画の調達担当者

㊹ 流通の仕事
郵便物等の輸送企画担当者
ファッションECサービス運営会社の物流拠点スタッフ
総合スーパーの食器バイヤー
マグロ仲卸会社の営業担当者
LNG輸送プロジェクトの営業担当者

㊺ 笑いの仕事
芸人、落語家、放送作家
お笑いライブの制作会社スタッフ
ラジオ番組ディレクター

㊻ AIの仕事
生成AI活用アプリの開発者、AI開発支援アプリの開発者
内視鏡AI開発者、配膳ロボットの企画担当者
AI専門メディア編集長

㊼ 職人の仕事
バイオリン職人、寿司職人、ジュエリー作家
靴職人、左官職人

第9期 全5巻

㊽ ロボットの仕事
コミュニケーションロボットの営業
スマートロボットの研究者
協働ロボットの開発者
自動搬送ロボットのエンジニア
ガンプラの金型職人

㊾ ゲームの仕事
ゲームデザイナー、キャラクターデザイナー
声優、ボードゲーム編集者
リアル謎解きゲームの企画営業

㊿ インバウンドの仕事
ホステルのマネージャー、旅行プランナー
ヴィーガンレストランのプロデューサー
防災アプリディレクター
インバウンドメディアの運営

(51) 伝統芸能の仕事
能楽師、箏奏者、歌舞伎の衣裳方
舞台プロデューサー、郷土芸能道具の職人

(52) ライフイベントの仕事
ジェンダーフリー・ウエディングプロデューサー
ユニバーサルデザインの晴れ着店スタッフ
エンディングプランナー
和菓子店の店長、フローリスト